La última esperanza

Autoren: Petra Balzer, Felipe García Morales
Muttersprachliches Lektorat: Almudena Sasiain Calle
Muttersprachliches Korrektorat:
Context Gesellschaft für Sprachen- und Mediendienste mbH
Satz: Noch & Noch
Covergestaltung: Marlies Müller
Coverfoto: Shutterstock

Gesamtherstellung: Tandem Verlag GmbH

ISBN 978-3-8427-0644-6

www.tandem-verlag.de

Capítulo 1

Eran las tres de la madrugada de una noche de agosto. Rosa estaba sola detrás de la barra[1] de su bar Esperanza. Se sentía cansada. Tenía la blusa pegada a la espalda por el sudor. El chaparrón[2] que caía apenas refrescaba. Mientras fregaba los vasos, observaba a los clientes que la lluvia había obligado a cobijarse[3] en el bar. Un hombre y una mujer extranjeros, ambos de cabello rojo, ligaban en un rincón del bar, mientras que en el otro extremo un grupo de jóvenes pijos[4] voceaban[5]. Hablaban catalán, el idioma que estuvo prohibido durante la época de Franco y que hoy en día era indispensable para pertenecer o ascender a la clase social media de Cataluña. Rosa no estimaba mucho a los clientes que venían de la discoteca Imperial y se dejaban caer por su bar. Muchos de ellos eran chulos[6] sin escrúpulos. Sin embargo, no quería prescindir de esos ingresos adicionales.

Ejercicio 1

La hora – die Uhrzeit. Ergänzen Sie:

Es la una.	*Es ist ein Uhr.*
Son las tres.	____________________
Son las dos y cinco.	____________________
____________________	*Es ist Viertel nach zwei.*
Son las dos y veintinueve.	____________________
____________________	*Es ist halb drei.*
Son las dos menos cuarto.	____________________

1 barra: Theke 2 chaparrón: Regenschauer 3 cobijarse: Zuflucht suchen 4 pijo: Schickimicki, Yuppie 5 vocear: schreien, lärmen 6 chulo: Zuhälter.

las ocho y cuarto de la tarde	____________
de la madrugada	*früh morgens*
de la mañana	*morgens*
de la tarde	____________
____________	*abends, nachts*

El bar se encontraba en El Raval, un barrio de Barcelona que, a pesar de ser completamente céntrico, había sido olvidado y abandonado durante muchas décadas y ni siquiera tenía un nombre propio: era conocido como el Barrio Chino. Hacía algunos años que los inversores[7] habían descubierto el barrio y, desde entonces, la zona iba cambiando paulatinamente[8] su aspecto.

Le dieron el nombre de El Raval. El Ayuntamiento empezó a limpiar las calles y a arreglar las plazas. Las casas estaban siendo restauradas, y la imagen de decadencia iba desapareciendo. Sin embargo, aún conservaba sus dos caras. Los inversores no conseguían hacerse dueños del barrio por completo. Allí vivía gente, con sus necesidades y sus costumbres. Seguía habiendo tiendas de toda la vida, en las que no compraba nadie de fuera de la barriada, y otras donde solo entraban africanos y extranjeros que se habían quedado a vivir en el Barrio Chino. En una esquina habían restaurado un edificio y en la otra olía a meados[9]. Y aún había casas que deberían haber sido derribadas por problemas de humedad o por falta de instalaciones sanitarias apropiadas. Gente que no había conseguido escapar de su marginación social o que prefería evitar la luz del día, o simplemente que no quería abandonar el barrio, continuaba habitando esas casas. Los niños montaban en sus bicicletas

7 inversor: Investor 8 paulatinamente: nach und nach, allmählich 9 meado: Pisse

o jugaban a la pelota en plazas pequeñas, mientras que en lo alto, como antaño[10], la ropa tendida[11] goteaba.

Ejercicio 2

Bilden Sie die richtige Form der Verben.

1. *María y Pedro (leer) el periódico.*
2. *Linda (estar) en Barcelona para (aprender) español.*
3. *Alba y yo (tener) tiempo hoy.*
4. *Tú no (saber) catalán.*

Luego, por la noche, El Raval mostraba su rostro oscuro. Las calles se llenaban de vida, de grupos de jóvenes y de juerguistas[12], de extranjeros, bohemios y estudiantes, pero también de individuos sospechosos, prostitutas, traficantes y drogadictos. Esas circunstancias y esos habitantes impedían que El Raval se convirtiera en una zona de pijos y ricos, y que cambiara completamente su imagen. A Rosa le gustaba esa mezcla de barrio en auge[13] y barriada bohemia.

Ejercicio 3

Bilden Sie die richtige Form. Beispiel: En 2010 [nosotros, ir] por primera vez a España./En 2010 *fuimos* por primera vez a España.

1. *En ese momento [nosotros, pensar] lo peor.*
2. *Últimamente [tú, cambiar] mucho.*
3. *La semana pasada [yo, encontrarse] con Pedro en el centro comercial.*
4. *Aquella mañana [tú, coger] el autobús 24.*

10 como antaño: wie einst 11 ropa tendida: zum Trocknen aufgehängte Wäsche 12 juerguista: Person, die gern feiert, die sich vergnügen geht 13 en auge: aufstrebend, boomend

5. *Este año [yo, estar] en Alemania.*

6. *En 2000 [nosotros, empezar] a trabajar en la empresa.*

7. *¿Todavía no [vosotros, reservar] los billetes?*

8. *Hace dos semanas [él, salir] del hospital.*

9. *Desde enero no [nosotros, ver] a Carmen y Fernando.*

10. *La última vez también [tú, perder] las llaves.*

Rosa levantó la cabeza. Tenía treinta años, el pelo rizado. A veces su mirada era un poco agria, pero en general era una mujer afable[14] y franca. Los últimos clientes se habían marchado. Puso las sillas sobre las mesas y limpió la barra. Después fue por las bolsas de basura, las ató y salió a llevarlas al contenedor. Eran poco más de las cuatro de la madrugada. Todavía hacía bochorno[15]. Mientras iba al contenedor de basura, oyó toser a un hombre y vio correr una rata junto a una pared. Una moto dobló traqueteando[16] por la esquina de la calle mal iluminada. El contenedor se hallaba justo fuera del foco de la luz amarilla de la farola. Rosa se quedó helada; estaba abierto. Dentro había una chica sentada, una chica guapa. Al instante supo que estaba muerta. La conocía. Se llamaba Linda. Rosa dejó caer las bolsas de la basura. Sus brazos, inertes[17], le colgaban a ambos lados. Durante un rato se quedó mirando el rostro de la chica. Tenía que hacer algo; por ejemplo, llamar a la policía. ¿Podía dejar sola a Linda? No le parecía oportuno abandonar a la muerta, pero tenía que volver al bar y llamar. No tenía móvil. Retornó al bar apresuradamente. El corazón le latía con fuerza. Con voz temblorosa dio parte a la policía y volvió rápidamente al contenedor.

14 afable: umgänglich, freundlich 15 bochorno: Schwüle 16 traqueteando: knatternd 17 inerte: regungslos

Ergänzen Sie die richtige Form des Indefinido.
Beispiel: Ayer *comí* [yo, comer] en casa de María.

1. *[él, arreglar] el coche en un momento.*
2. *Ayer [yo, comer] demasiado.*
3. *[nosotros, aprender] francés en el colegio.*
4. *¿ [tú, ganar] el primer o el segundo premio?*
5. *[nosotros, estudiar] español en la universidad.*
6. *[yo, nacer] el 18 de enero de 1977.*
7. *Siempre [él, pensar] en su familia.*
8. *Durante las vacaciones [nosotros, alquilar] un coche.*
9. *¿[vosotros, bañarse] en el mar?*
10. *Yo [llevar] a Marta al aeropuerto.*

Al cabo de unos minutos apareció la policía y cercó[18] la zona con sus cintas de demarcación[19]. A pesar de la hora, la calle se fue llenando de vecinos y curiosos. Los técnicos policiales empezaron a recoger pruebas[20]. Un agente técnico hacía fotos. Algunos policías impedían que las personas no autorizadas atravesaran las cintas, otros simplemente hacían acto de presencia. Esperaban al médico forense[21], el doctor Redondo, y al comisario Pujol.

18 cercar: absperren, einkreisen 19 cinta de demarcación: Absperrband 20 recoger pruebas: Beweise sammeln 21 médico forense: Gerichtsmediziner

Ejercicio 5

Vergleich *por* und *para*: Ordnen Sie die richtige Bedeutung zu.

1. *Lo hace por dinero.*	a. *Wieviel zahlst du für das Buch?*
2. *Trabaja por su familia.*	b. *Er arbeitet, um Geld zu verdienen.*
3. *¿Cuánto pagas por el libro?*	c. *Er macht es wegen des Geldes.*
4. *¿Cuánto cobra por limpiar eso?*	d. *Wir machen es zu unserem Vergnügen.*
5. *Lo hacemos por gusto.*	e. *Er macht es, um zu essen.*
6. *Lo hacemos para divertirnos.*	f. *Wie viel zahlen Sie, um dieses zu säubern?*
7. *Lo hago por ti.*	g. *Ich mache es wegen dir.*
8. *Lo hago para ti.*	h. *Wir machen es, weil es uns Spaß macht.*
9. *Lo hace para comer.*	i. *Ich mache es für dich.*
10. *Trabaja para ganar dinero.*	j. *Er arbeitet wegen seiner Familie.*

Rosa conocía a ambos. El doctor Redondo solía pasar una vez por semana por el bar. Le era simpático. Sentía curiosidad por comprobar cómo iba a reaccionar el médico al encontrarse en el contenedor el cadáver de una conocida. En algunas ocasiones la muchacha y él habían coincidido[22] y charlado[23] un poco en el bar de Rosa.

22 coincidir: sich begegnen 23 charlar: reden, quatschen, plaudern

El doctor bajó del coche, atravesó la cinta de demarcación y saludó a su gente. Al ver a Rosa, la saludó con un movimiento de cabeza. Efectivamente, reconoció enseguida a la chica muerta. Durante unos instantes se quedó inmóvil ante el cadáver, pensativo. Comenzó a examinar a la chica con cuidado. Cuando terminó, indicó a los agentes que la sacaran del contenedor.

Los agentes sacaron a la chica, la colocaron sobre una camilla y le pusieron unas bolsas de plástico en las manos para asegurar posibles pruebas. Al principio, el forense pareció no inmutarse, pero al arrodillarse[24] para volver a examinarla, se notó que le afectaba. Se había puesto guantes de látex y con manos hábiles inspeccionó el cuerpo. Todo esto ya lo había visto Rosa en el cine, pero la realidad era más cruel[25] y aterradora[26].

Ejercicio 6

Ergänzen Sie die folgenden Sätze.

1. ____________________ *la noche me acuesto.*
2. *Termino* ____________________ *trabajar a las 6.*
3. ____________________ *de la habitación.*
4. *Bajo* ____________________ *la escalera.*
5. *Trabajo* ____________________ *el día.*
6. *No hago nada* ____________________ *la noche.*
7. ____________________ *tengo mucho dinero.*
8. *No es* ____________________ *hombre viejo.*

24 arrodillarse: niederknien 25 cruel: grausam, unbarmherzig 26 aterrador: schrecklich, Furcht einflößend

—¿Sabes cuál es el problema?

El forense se había acercado a Rosa. Ella no contestó, se quedó mirándolo.

—El problema es que sé quién es la chica. Se llama Linda, y tengo que decírselo a su madre.

Era evidente que el médico se sentía incómodo.

—¿Y lo hará? —preguntó Rosa.

Qué pregunta más estúpida, pero ¿qué iba a contestarle? Mientras, el doctor Redondo no dejaba de limpiarse las gafas. Medía aproximadamente dos metros de alto, tenía unos cincuenta años y las sienes plateadas[27]. Con su apuesta presencia[28] representaba al típico medico forense en el lugar del crimen, tal como se conocía de la televisión. Únicamente su ropa no encajaba[29] con esa imagen.

El doctor Redondo percibió la mirada de Rosa.

—Tuve que vestirme rápidamente. La familia Gijón me había invitado a un convite[30] y llegué tarde a casa. Apenas he dormido —se excusó el médico—. Bueno, no tengo opción; sería cobarde mandar a un agente a comunicar lo sucedido. La pobre… quiero decir, las pobres…

Parecía preocuparse más por la madre que por la chica. Pero era lógico, al fin y al cabo, la madre era una vieja amiga de él y de su mujer. La víctima pertenecía a una familia distinguida de Barcelona. La chica había conversado con él un poco por educación. La gente joven iba a la suya[31] y no se interesaba mucho por los temas de los más maduros.

El sonido de la fuerte voz del comisario Pujol libró a Rosa de esa situación incómoda. El comisario siempre la inquietaba. Precisamente hace poco, Rosa y Pedro habían hablado sobre Pujol. Pedro conocía a Pujol de cuando trabajaba en la policía. Cuando se enteró de que iba a sucederle como comisario en el Departamento de Homicidios, Pedro se

27 sienes plateadas: graue Schläfen 28 apuesta presencia: stattliche Erscheinung 29 encajar: passen 30 convite: Empfang, Festmahl 31 ir a la suya: sein Ding machen

quedó consternado. Los dos coincidían en que era imposible sentir un mínimo de simpatía por Pujol. Era muy suspicaz, terco[32], vanidoso[33] y arrogante. En esto estaba de acuerdo todo El Raval. Pero ahora llegaba en un momento en el que se le necesitaba.

Ejercicio 7

Wandeln Sie die vorliegenden Sätze um.
Beispiel: Rosa se pone de mal humor en estas situaciones./
Estas situaciones *la ponen* de mal humor.

1. *Es que contigo me pongo muy nervioso.*

2. *Es que Pedro contigo se pone muy nervioso.*

3. *Siempre se ponen muy nerviosos con los exámenes.*

4. *Nuestra hija pequeña se pone nerviosa con las películas policíacas.*

El comisario estaba de buen humor y animado. Era obvio que amaba su trabajo, sobre todo cuando tenía público. Se acercó directamente a Rosa y al médico.

—Bueno doctor Redondo, cuéntemelo todo: edad, sexo, hora de defunción, causa y demás observaciones.

El médico cruzó las manos detrás de la espalda y mirándose la punta de los zapatos comenzó:

—Edad: veinte años; sexo: obviamente femenino; hora de defunción: hace aproximadamente entre dos y cuatro horas. Todavía no hay rigor mortis. Eso es todo. Más observaciones: el mundo está lleno de canallas[34].

Por lo visto, Pujol no sabía que el médico conocía a la víctima. El comisario permaneció con las manos en las caderas hasta que se le ocurrió[35]

32 terco: stur, dickköpfig 33 vanidoso: eitel 34 canalla: Schurke 35 ocurrírsele algo a alguien: jemandem etwas einfallen

que tenía que hacer algo. Llamó al fotógrafo y le ordenó con rotundidad[36] que quería las fotos esa misma mañana. Pujol se alejó para seguir dando órdenes.

Ejercicio 8

Setzen Sie den Text in die Gegenwart (Präsens).

El comisario estaba de buen humor y animado. Era obvio que amaba su trabajo, sobre todo cuando tenía público. Se acercó directamente a Rosa y al médico.

Rosa sentía curiosidad.

—Doctor, acaba de decir que el asesinato se cometió entre hace dos y cuatro horas. ¿Ha dicho ese lapso de tiempo porque quiere ir sobre seguro[37] o porque realmente no lo sabe?

El médico movió la cabeza y contestó muy serio:

—La víctima todavía no muestra signos de rigidez cadavérica, que empieza normalmente a las cuatro horas de morir. De momento no puedo decir más. Para determinar con exactitud la hora de defunción hay que analizar el contenido del estómago, se debe medir la temperatura, etc. Antes no se puede decir nada con certeza. El médico miró a Rosa.

—Sin embargo, pienso que la chica murió aproximadamente a medianoche, hora más, hora menos.

Un Seat rojo aparcado fuera del recinto cercado llamó la atención de Pujol. La ventanilla del chofer estaba bajada. Pujol fue hacia el coche, asomó la cabeza por la ventanilla y puso cara como de haber resuelto el caso. Llamó con un gesto a un técnico policial. Rosa observaba divertida como un agente bajito, en mono blanco[38], se acercaba con pasos agigantados a Pujol para recibir sus órdenes.

36 con rotundidad: unmissverständlich, entschieden 37 ir sobre seguro: ganz sicher gehen 38 mono blanco: weißer Overall

— ¡Muévase! El coche es sospechoso[39], la llave está puesta. Mande hacer fotos, busque pruebas y averigüe a quién pertenece el coche. Después llame a la grúa[40] y que se lo lleven al laboratorio forense.

El doctor Redondo se giro hacia Rosa:

—Me imagino que es el coche de Linda. Mi mujer tiene el mismo modelo, y se lo aconsejamos a la madre.

Ejercicio 9

Bilden Sie den Imperativ des Verbs.

____________________ *moverse – sich bewegen*

____________________ *mandar – befehlen, bestimmen*

____________________ *recoger – einsammeln, jmd./etw.abholen*

____________________ *averiguar – herausfinden, ermitteln*

____________________ *llamar – rufen, anrufen*

Übersetzen Sie folgende Aufforderungen.

____________________ *ir – Gehen wir!*

____________________ *comprar – Kaufe es!*

____________________ *decir – Sage es mir nicht!*

____________________ *hacer – Tue es nicht!*

____________________ *repetir – Wiederhole, was du gesagt hast!*

Sin quitarle la mirada de encima, Pujol indicó a Rosa que se acercase.

—Vas a contestarme ahora unas preguntas, hijita. ¿A qué hora has encontrado el cuerpo de la muchacha?

39 sospechoso: verdächtig 40 grúa: Abschleppwagen

El hombre del mono blanco ya había comprobado la temperatura del motor y estaba buscando pruebas alrededor del coche.

—Aproximadamente a las cuatro y cuarto —contestó Rosa con voz firme.

—¿En qué posición la encontraste?

—Estaba sentada dentro del contenedor y le sobresalía la cabeza.

—Bien, bien. Y luego te fuiste inmediatamente al bar para llamar a la policía.

—No, tardé un rato. Estaba mareada. No supe qué hacer. No llevaba móvil. Cuando me decidí, fui corriendo.

—Bueno hijita, estate localizable[41]. Esta tarde te llamaré, y tendrás que venir a comisaría a declarar.

Llegó la grúa. Un policía dio instrucciones de lo que había que hacer. A los pocos minutos el coche estaba preparado para que la grúa lo cargara. El conductor quiso montar en el coche para ponerle el freno de mano y una velocidad.

—Sal de ahí, estúpido. ¿Quieres que te detengamos por encontrar fibras de tu ropa y tus huellas dactilares[42] dentro del coche? —voceó Pujol.

Con un gesto encargó al agente bajito del mono blanco que se ocupara de ello. El agente se subió al coche y tiró el asiento del conductor hacia adelante para poder pisar el embrague[43].

—¿Quieres ajustar también el retrovisor[44]? —preguntó Pujol sarcásticamente—. Nadie te dice que te vayas con el coche. Pon una velocidad y el freno de mano y bájate.

Pujol se giró hacía Rosa y dijo:

—Inútiles…

41 estar localizable: *hier:* sich zur Verfügung halten 42 huellas dactilares: Fingerabdrücke 43 embrague: Kupplung 44 retrovisor: Rückspiegel

Übersetzen Sie.

1. *Rosa y Carmen hablan del calor asesino.*

2. *Pedro y la marquesa no se hablan.*

3. *Mi amiga no se acuerda de tu dirección.*

4. *Me levanto pronto y me ducho con agua fría.*

5. *Este verano se lleva la falda corta.*

Capítulo 2

El aire no se movía. Rosa había dormido poco. Cuando salió de casa para ir al trabajo, ya pasaba la hora de la comida. El concierto caótico de la ciudad estaba en pleno auge: las motos rugían[1], los taxis bocinaban[2], en restaurantes y bares se oía el entrechocar de los platos y los vasos y de algunos establecimientos salía música. En las calles de El Raval había un olor a humedad que no se debía precisamente a la ropa tendida.

«En la plaza delante del MACBA late el joven corazón[3] de El Raval», pensó Rosa al ver a los muchachos divirtiéndose con sus monopatines o chutando la pelota contra las cristaleras del museo. «Aquí palpita[4] la vida». Esa asociación la paralizó por un instante.

Ejercicio 11

Setzen Sie die Verben in die Gegenwart (Präsens).

El aire no se movía. Rosa había dormido poco. Cuando salió de casa para ir al trabajo, ya pasaba la hora de la comida. El concierto caótico de la ciudad estaba en pleno auge: las motos rugían, los taxis bocinaban, en restaurantes y bares se oía ya el entrechocar de los platos y los vasos y de algunos establecimientos salía música. En las calles de El Raval había un olor a humedad que no se debía precisamente a la ropa tendida.

Al doblar la esquina, Rosa vio a dos de sus clientes asiduos, la marquesa doña María y el excomisario Pedro Villalobos, sentados en la terraza de su bar. Ambos vivían hacía decenios en el barrio. Pedro

1 rugir: aufheulen, brüllen 2 bocinar: hupen 3 latido del corazón: Herzschlag 4 palpitar: pulsieren

conocía probablemente a todos los habitantes del antiguo Barrio Chino, tanto a los honestos como a los menos honestos y, sobre todo, a los quinquis[5]. De hecho, había trabajado durante muchos años en la zona. Desde su retiro[6] solía venir cada día acompañado de la marquesa, a la que únicamente le había quedado su dignidad después de haber sido abandonada por su exmarido aristócrata y engañada por un agente inmobiliario. La marquesa siempre venía muy puesta, pero observándola de cerca se veía que la ropa provenía de tiempos mejores y estaba muy ajada. Eso lo compensaba manteniendo una actitud altiva[7]. De vez en cuando, sin embargo, se asomaba su debilidad senil incipiente[8].

Ejercicio 12

Übersetzen Sie.
Beispiel: Estoy trabajando./Ich arbeite gerade.

1. *Du arbeitest in der Bar.* ____________________
2. *Pedro schreibt gerade eine SMS.* ____________________
3. *Sie bestellen in diesem Augenblick.* ____________________
4. *Ihr schlaft gerade.* ____________________
5. *Wir essen belegte Brötchen.* ____________________
6. *Ich studiere gerade.* ____________________
7. *Er liest gerade ein Buch.* ____________________
8. *Ihr arbeitet am Montag.* ____________________
9. *Die Kellnerin bringt gerade die Rechnung.* ____________________

5 quinqui: Verbrecher, Strolch 6 retiro: Ruhestand 7 actitud altiva: hochmütige, stolze Haltung 8 debilidad senil incipiente: beginnende Altersdemenz

Los dos estaban sentados en unas sillas de plástico. Carmen estaba de pie, al lado de la mesa, con una bandeja vacía en la mano. Acababa de servirles sendos bocadillos y botellas de agua natural. Tal vez se debía a sus medios económicos limitados o a la sensatez y el comedimiento de la tercera edad[9], pero nunca se excedían pidiendo. Sin embargo, eran los clientes más apreciados de Rosa. Detrás de la barra tenían guardada una baraja[10]. Siempre estaba allí por si a alguien le apetecía jugar con ellos una partida de remigio[11]; solo que casi nunca se apuntaba nadie y a dos, el juego no era entretenido.

Ejercicio 13

Setzen Sie die passende Form ein.
Beispiel: Tengo el coche *de* Fernando.

el   a   del   al   de la   de   los   la

1. *Pep visita ______________ dueño de la tienda.*
2. *Los hermanos van ______________ Sevilla.*
3. *Venimos ______________ Málaga.*
4. *La chica viene ______________ pueblo.*
5. *Conocemos ______________ forense.*
6. *¿Dónde están las entradas ______________ los chicos?*
7. *Voy ______________ casa.*
8. *La casa ______________ mis amigos*
9. *Los padres ______________ Rosa están en Sevilla.*
10. *Tenemos las llaves ______________ coche.*

9 tercera edad: ältere Menschen 10 baraja: Kartenspiel 11 remigio: Kartenspiel, bei dem am besten drei Spieler versuchen, zehn verschiedene Karten zu bekommen.

Rosa saludó con una sonrisa a la pareja, pero no se detuvo. Pedro se la quedó mirando mientras la joven pasaba y desaparecía dentro del bar. Rosa comprobó de un vistazo que Carmen había terminado todas las tareas pendientes[12]. Para distraerse, se metió detrás de la barra y empezó a cortar limones.

Ejercicio 14

Setzen Sie die richtigen Wörter ein.

pregunto *ser* *mal* *caza* *a la*

Das frage ich dich.	*Eso te* ___________
Das mag stimmen.	*Puede* ___________
ein schlimmes Ende nehmen	*Acabará* ___________
am folgenden Morgen	___________ *mañana siguiente*
auf die Jagd gehen	*ir de* ___________

Rosa se quedó con la cabeza agachada delante de la fregadera enfrascada en esa labor que la abstraía[13] como la meditación al budista. Después de una noche tan movida[14] era justo lo que necesitaba. No podía olvidar la imagen de Linda.

Pasado algún un tiempo decidió salir fuera y unirse a la marquesa y al excomisario. El bar estaba tranquilo, no había gente.

—¿Os habéis enterado? —preguntó Rosa—. Ha habido un homicidio en el barrio. Una chica que a veces pasaba por el bar.

—Sí, ya lo hemos oído. La pobre, asesinada en su propia casa. Ya no basta con no poder salir a la calle de tanto africano que hay por aquí —contestó la marquesa.

12 tareas pendientes: anstehende Arbeiten 13 abstraer: abstrahieren, *hier:* ablenken 14 movida: unruhig, aufgeregt

Ejercicio 15

Welche Redewendungen entsprechen einander?

Pep está en la gloria.	*Él encontró la solución al problema.*
Él vio el cielo abierto.	*Pedro es hábil.*
Él le tomó el pelo.	*Pep está muy feliz.*
Pedro tiene buena mano.	*Él la engañó.*

Pedro no pudo contenerse:

—Disculpa, ¿pero qué tiene eso que ver con los africanos? La marquesa lo miró de reojo alzando la barbilla[15]:

—¿Te parece que hay pocos? ¿Está bien que entren todos en este país? Sin papeles, traficando con drogas, robando, y se creen…

—Para, no me refiero a eso —la interrumpió Pedro—. ¿Qué tienen que ver ellos con el asesinato? Explícame, ¿por qué los africanos siempre tienen la culpa cuando sucede algo? ¿Te acuerdas de que hace poco le robaron el bolso a una conocida tuya?

La marquesa enrojeció[16]. Hacía tres semanas que le habían robado el bolso a una mujer en la Barceloneta. Durante días, la marquesa despotricó[17] contra los africanos, hasta que se descubrió que el ladrón había sido el nieto[18] de su vecino.

—¿Por qué sabe que la chica fue asesinada en casa? —preguntó Rosa sorprendida volviendo al tema.

—Porque llevaba zapatillas de casa[19]. Nadie sale a la calle con zapatillas de casa —contestó la marquesa.

—¿Y quién le ha dicho que la muerta llevaba zapatillas de casa? —insistió Rosa.

15 alzar la barbilla: das Kinn heben 16 enrojecer: erröten 17 despotricar: meckern, schimpfen, wettern 18 nieto: Enkel 19 zapatillas de casa: Hausschuhe

Ejercicio 16

Orden Sie die deutsche Übersetzung zu.

schimpfen *stehlen, ausrauben* *entdecken* *erröten*

enrojecer ____________________

robar ____________________

despotricar ____________________

descubrir ____________________

—Pedro me lo ha contado; y también que tú encontraste el cuerpo —contestó la marquesa en un tono repipi[20]—. ¡Y ahora nos cuentas todo lo sucedido!

—Sí, la encontré a la vuelta de la esquina[21], en el contenedor, cuando iba a tirar la basura. Llamé a la policía, y pasados cinco minutos se presentaron y a los diez minutos habían identificado a la muerta y llamado al forense. La chica la conocéis. Venía a veces al bar, se llamaba Linda. El comisario es Pujol, y al médico forense también lo conocéis, sobre todo tú, Pedro.

—Sí, ya sé. Es el doctor Redondo. Trabajamos juntos a menudo. Un hombre muy astuto[22] y capaz[23]. Pero ese Pujol...

Pedro movió la cabeza.

—¿Te ha citado a comisaría?

—Sí —contestó Rosa—. ¿Pero cómo sabías que la muerta llevaba zapatillas?

—El que esté retirado no significa que no me entere de nada o que no tenga contactos —sonrió el excomisario.

20 repipi: schnippisch 21 a la vuelta de la esquina: um die Ecke 22 astuto: clever, gerissen, schlau 23 capaz: fähig, begabt

Ejercicio 17

Setzen Sie die richtige Verbform im Indefinido oder Imperfecto in den folgenden Text ein.

El verano pasado mi hermano David y yo (1. hacer) ______________ un viaje a Pamplona (España) porque (2. querer) ______________ ir a la famosa fiesta de San Fermín. Nosotros (3. llegar) ______________ a Pamplona el 6 de julio. En el aeropuerto, David (4. encontrar) ______________ un taxi para llevarnos a la pensión en el centro de la ciudad. La dueña de la pensión, doña Bárbara, (5. ser) ______________ muy amable y ella misma nos (6. enseñar) ______________ nuestras habitaciones. Yo (7. salir) ______________ al balcón para ver lo que (8. pasar) ______________ en la calle. Todos los pamploneses (9. llevar) ______________ ropa blanca. Mientras (10. pasear) ______________, muchos (11. llevar) ______________ una bota de vino en una mano y un pañuelo rojo en la otra. Entonces le (12. preguntar) ______________ a la dueña de la pensión: «¿Qué pasa afuera?». Y ella me (13. contestar) ______________: «Todo el mundo va al chupinazo. El chupinazo es el comienzo oficial de la fiesta».

Por la tarde el bar solía estar muy tranquilo. El calor era asfixiante y pegajoso. Solo de vez en cuando se veía a alguien por la calle, caminando por la sombra. Quien podía, evitaba el calor de la tarde y se quedaba en casa. Los turistas preferían pasear por Las Ramblas[24] o disfrutar de la playa. Antes de las siete de la tarde, esa zona de El Raval estaba más o menos desierta. Luego empezaban a aparecer pequeños grupitos que se quitaban de encima el calor con una cervecita o un refresco. A partir de las diez de la noche, el bar volvía a llenarse de gente. La mayoría

24 Las Ramblas: bekannteste Flanierstraße in Barcelona

eran clientes de la discoteca. Se les veía en la pinta que llevaban, tanto los hombres como las mujeres. Ellos no eran muy agradables, pero en general no buscaban líos[25]. Algunas de las mujeres iban tan maquilladas y elegantes que tenían que ser chicas del servicio de compañía de la discoteca de Ernesto.

Ejercicio 18

Übersetzen Sie.

1. *¿Desde cuándo vives en El Raval?* ______________________
2. *¿Por qué vives aquí?* ______________________
3. *¿No echas de menos a tu familia?* ______________________
4. *¿Hay muchos africanos en el barrio?* ______________________

—¿A qué hora tienes que ir a comisaría?

—Dentro de media hora.

—Espero que no te retengan demasiado tiempo. No quiero estar sola cuando se llene el bar —se entrometió Carmen, que había salido a la terraza y escuchaba la conversación.

—Carmen, es una investigación policial y no un rato de charla en un bar. No tardaré mucho, tranquila.

Pedro se inclinó hacia adelante. Rosa sabía que quería decir algo.

—¿Sabéis una cosa? El colmo[26] de este asunto es que el barrio sabe más que el comisario. Primero porque ese Pujol es un pasmarote necio[27].

Todos asintieron con la cabeza.

—Y segundo, porque cuando pasa alguna cosa en El Raval, siempre hay alguien que sabe algo. ¿A que tengo razón, Rosa? Pujol debería venir al barrio y hablar con todos nosotros, con la gente que viene al bar,

25 buscar líos: Streit suchen 26 colmo: der Gipfel 27 pasmarote necio: einfältiger Trottel

con las cotillas[28] de las plazas, las pescaderas[29] del mercado... Cuando hay un homicidio, se corre la voz, y ya no hay otro tema.

Ejercicio 19

Setzen Sie die richtige Form von *tener que* oder *hay que* ein.

1. _____________ *encontrar un empleo seguro.*
2. *No* _____________ *trabajar mañana.*
3. _____________ *hacer esfuerzos.*
4. *No* _____________ *estudiar.*
5. *No* _____________ *ser pesimista.*

«Justo —pensó la marquesa—, la fábrica de rumores se pone en marcha». A Pedro le hubiese encantado reemprender su trabajo, le había picado el gusanillo[30].

Ejercicio 20

acordar/recordar: Übersetzen Sie!

1. *Wenn ich mich recht erinnere, wollten wir heute essen gehen.*

   ____

2. *Was du nichts sagst. Ich erinnere mich nicht.*

   ____

3. *Das nächste Mal werde ich dich rechtzeitig daran erinnern.*

   ____

28 cotilla: Klatschweib, Plappermaul 29 pescadera: Fischverkäuferin, sinngemäß auch Klatschweib 30 picar el gusanillo: Lust haben, reizen

4. *Wir hatten vereinbart, in das spanische Restaurant zu gehen.*

____

5. *Ich habe keine gute Erinnerung vom letzten Abendessen in diesem Restaurant.*

____

6. *Erinnerst du dich an die Paella?*

____

7. *Nein, ich erinnere mich an die Bedienung.*

____

8. *Wenn du sie siehst, grüße sie von mir.*

____

Capítulo 3

—¿Nombre y apellidos?

—Rosa Castro Adejo.

—¿Nacida?

—Por supuesto.

—Cuidado, hijita —le espetó Pujol mirándola fijamente—. ¿Y bien?

—Barcelona, 5 de marzo de 1976.

—¿Profesión?

—Propietaria de un bar.

Ejercicio 21

Setzen Sie die entsprechende Form ein. Beispiel:
Deseo comer el postre./La camarera me lo sirve.

1. *María tiene ganas de comer paella.*

   Esta cocinera _______________ prepara.

2. *Nosotros no comprendemos las reglas.*

   La profesora _______________ explica.

3. *Ramón no tiene dinero.*

   Sus amigos _______________ prestan.

4. *Yo necesito mis gafas.*

   Mi hermano _______________ trae.

5. *Tú no sabes la hora.*

   Pedro y yo _____________ decimos.

6. *Carmen no lava los platos.*

   Su esposo _____________ lava.

7. *David no oye las instrucciones.*

   Pedro y Rosa _____________ repiten.

8. *Yo quiero unos zapatos nuevos.*

   Mis abuelos _____________ regalan.

9. *Ustedes no encuentran sus llaves.*

   El policía _____________ devuelve.

El humor de Rosa estaba por los suelos, sobre todo, porque el necio del comisario la había hecho esperar casi una hora en el pasillo mal ventilado y sofocante[1] de la comisaría.

Pujol juntó las yemas de los dedos de una mano y se la llevó a la cara. Debía de haber copiado esa postura de alguna película pensando que le haría parecer más inteligente.

—¿Quieres contarme los acontecimientos ocurridos el 12 de agosto, hijita?

A pesar de que lo habitual del tuteo de personas mayores o de cargo superior a menores o personas de cargo inferior, Rosa se sentía molesta de ser tuteada por Pujol. Pero más aún le molestaba ese «hijita» que

1 sofocante: stickig, drückend

Pujol usaba para intimidar. Rosa, sin embargo, no tenía ni energía ni ganas de encararse[2] con el comisario.

Ejercicio 22

Ergänzen Sie die folgenden Sätze mit den entsprechenden Verbformen.

No (tener) ______________ tiempo para ir al cine, te lo (asegurar) ______________.

(Parecer) ______________ mentira, pero (ser) ______________ verdad.

A ese señor del abrigo marrón no lo (conocer) ______________.

En el colegio, la jornada se (distribuir) ______________ muy minuciosamente.

Carmen (buscar) ______________ el bolso para pagar, pero no (tener) ______________ dinero; afortunadamente, una amiga (pagar) ______________ por ella.

La gente (hablar) ______________ sobre el incidente. Los periódicos (escribir) ______________ sobre el asesinato.

Pujol continuó:

—¿Nos llamaste a las cuatro y media?

—Si no le viene de[3] un cuarto de hora, sí. Pero la verdad es que llamé a las cuatro y cuarto.

—¿En el lugar del suceso había cambiado algo cuando volviste de telefonear?

—No.

—¿Estás segura?

—Sí.

2 encararse: sich mit jemandem anlegen

Ejercicio 23

Ordnen Sie die spanischen Begriffe der entsprechenden Übersetzung zu.

el marido / el esposo	*die Ehefrau*
la mujer / la esposa	*die Schwiegertochter*
los hermanos	*der Ehemann*
el abuelo/ la abuela	*der Schwiegervater, die Schwiegermuter*
el suegro / la suegra	*der Großvater/ die Großmutter*
el yerno	*die Geschwister*
la nuera	*der Schwiegersohn*

Pujol se levantó y se plantó delante de la ventana. Cruzó las manos detrás de la espalda y se quedó pensativo. «Otra postura estudiada delante del espejo», pensó Rosa.

—¿Conocías a la víctima? —preguntó en tono menos oficial.

Rosa cambió de postura en la silla.

—Su cara me resultó conocida[4] enseguida. Pues sí, estuvo varias veces en el bar. Sé que se llamaba Linda Güell Busquets.

—¿Sabes quién más la conocía?

—No sé —contestó Rosa—. En el barrio todo el mundo se conoce. A mí me sonaba de vista; había hablado muy poco con ella. El doctor Redondo conoce a la madre, y me imagino que también a la hija. Pregúntele a el.

—¿De qué conoce el doctor a la madre?

—Es una pariente lejana o una conocida de su mujer.

3 si no le viene de: wenn es Ihnen nichts ausmacht, wenn Sie es nicht so genau nehmen

Pujol se giró y se apoyó con las manos en la repisa de la ventana[5].

—Entonces tendré que hablar con el doctor Redondo y con su esposa.

Rosa negó con la cabeza.

—La señora se marchó a los Pirineos; el calor, ya sabe.

Unas cuantas preguntas más y el interrogatorio habría terminado. «Gracias a dios», pensó Rosa, que no quería dejar a Carmen más tiempo sola en el bar.

—Bien, hijita. Espero que me hayas dicho todo lo que sabes de la muerta.

Como no era una pregunta, Rosa no contestó. Quería irse. Se levantó y se dirigió hacía la puerta.

Pujol se adelantó y se la abrió.

—No estaría mal saber más de la víctima…

Ejercicio 24

Ergänzen Sie.

Tiene mucha vitalidad. Es muy ______________.

¿Cuándo ______________ *veremos, tú y yo?*

¿Está Pedro? No, ______________ *no ha llegado.*

Los jóvenes solo piensan en ______________.

A Pep no le gusta hablar de ______________ *problemas.*

Rosa asintió con la cabeza y se quedó esperando en el umbral[6].

—Si oyes algo en tu bar, por muy insignificante que sea, házmelo saber inmediatamente. Hasta luego.

4 resultar conocido: bekannt vorkommen 5 repisa de la ventana: Fenstersims 6 umbral: Türschwelle

Rosa salió de la comisaría. El calor de la calle la echó para atrás. No hacía ni pizca[7] de aire, solo bochorno. Casi se estaba mejor en la comisaría.

Ejercicio 25

Übersetzen Sie ins Deutsche.

Con el tiempo uno se acostumbra a todo. A las siete en punto saltamos de la cama. Nos duchamos con agua fría, nos cepillamos los dientes y nos peinamos. A las siete y media ya hemos terminado con nuestra higiene personal. Siguen diez minutos de gimnasia y, a continuación, desayunamos A las nueve menos cuarto nos dirigimos a las aulas.

Cuando se puso en marcha hacia el bar, Rosa vio a Pedro.

—Pedro, ¿qué haces tú aquí? ¿Esto no es una coincidencia, verdad?

—Cuando te habías ido a comisaría, me llamó Pujol para citarme. Pienso que quiere hacerse el importante. De todas formas, de paso puedo ver a algunos viejos compañeros. Quién sabe de qué puede servir.

Rosa vio una sonrisa pícara[8].

—¿Cómo que Pujol te ha llamado?

—Como tuve que entregar mi móvil al retirarme —contestó Pedro—, ha llamado al bar. Bueno, me voy. Ya os contaré luego.

El comisario Pujol puso cara de satisfacción. Pedro no se fiaba del comisario; le observaba. Pujol colocó sus manos delante de la barriga como si fuese a abrocharse el cinturón de seguridad en un avión.

—He oído que tiene mucho tiempo.

—Por supuesto, dispongo de todo el tiempo del mundo. Estoy retirado. Como no tengo muchas aficiones, me dedico sobre todo a la vida contemplativa —contestó Pedro.

—¿Le gusta lo que ve, Pedro? El mundo va cambiando a pasos acelerados. Desde que construyeron la avenida, el viejo barrio ya no existe.

7 ni pizca: kein bisschen 8 pícara: schelmisch, verschmitzt

Ya no es como en aquellos tiempos tranquilos. Ni siquiera lo llaman Barrio Chino. Las prostitutas de entonces, que le contaban su vida, ya murieron.

Ejercicio 26

Setzen Sie die folgenden Wörter in den Plural.

primer día, feliz cumpleaños, algún libro, un forense inglés, el gran almacén, mi amigo es simpático, no tengo ningún libro, la luz de la ciudad, la estación más agradable, el tren de Barcelona, la tarde apacible, un mes algo tétrico, día canicular

—¿Me ha hecho venir para filosofar sobre el barrio? Aunque tenga todo el tiempo del mundo, conozco mejores formas de matarlo. ¿Qué quiere, por qué estoy aquí?

—Tranquilo, Pedro. Usted es un viejo zorro[9] y sabe muy bien cómo funcionan las cosas. Conoce a todo el mundo, habla con mucha gente. La gente se fía de usted y le cuenta cosas. Todos hablan sobre el asesinato. ¿Me entiende?

Ejercicio 27

Setzen Sie die Verben in den Infinitiv.

Pedro salió de comisaría y se dirigió a su casa.

Si la chica no había acudido a la cita, solo podía haber dos posibilidades.

La primera era que la chica no hubiera ido a la cita sino a otro lugar, y allí haber sido asesinada.

La segunda … pues bien, que la chica ya estuviera muerta a la hora de la cita.

9 viejo zorro: alter Fuchs, erfahren

A pesar de estas palabras aduladoras[10], Pedro seguía alerta.

—Quiero resolver este caso y ¿por qué no aprovecharse de los contactos de un experto? ¡Ayúdeme, Pedro! Mantenga los ojos y los oídos abiertos. Anímese[11], esto es lo que a usted le mantiene vivo. Pedro miró firmemente al comisario Pujol, pero no hizo ningún gesto.

Ejercicio 28

El tiempo y el clima:
Ordnen Sie die passenden Verben oder Ausdrücke zu.

quema	*excelente*	*rayos*	*nariz*	*frescas*
desiertas	*estival*	*primaveral*	*viajes*	*pescar*
célebre	*se caldea*	*expresiones*	*peculiar*	

Cuando dos personas no tienen nada que decirse, el silencio se rompe con 1. ______________ como «Hace un tiempo 2. ______________» o «Tenemos un tiempo horrible, no puede uno asomar la 3. ______________ a la calle sin 4. ______________ un constipado». El invierno tiene su 5. ______________ encanto. El mes 6. ______________ por excelencia es mayo. En junio, el calor es generalmente

7. ______________. Luego viene julio, mes de 8. ______________. En los días de la canícula, el sol 9. ______________ los campos con sus 10. ______________ implacables. En septiembre, las 11. ______________ brisas hacen despertar una vida nueva. Las ciudades, hasta entonces 12. ______________, se animan. El otoño 13. ______________ en octubre durante el 14. ______________ «veranillo de San Martín».

10 palabras aduladoras: schmeichelnde Wörter 11 animarse: sich einen Ruck geben

El comisario continuó:

—Sabemos que la chica estaba citada ayer con una persona, pero no acudió[12]. La cita era a las once de la noche, unas dos horas antes de la hora estimada del fallecimiento[13]. Todavía no sabemos dónde estaba la chica entonces. «No esperaba otra cosa», pensó Pedro.

Pedro salió de comisaría y se dirigió a su casa. Si la chica no había acudido a la cita, solo había dos posibilidades. La primera era que la muchacha no hubiera ido a la cita, sino a otro lugar, y allí hubiera sido asesinada. Y la segunda… pues bien, que la chica ya estuviera muerta para la hora de la cita. Sin embargo, el momento de la defunción, alrededor de la medianoche, descartaba[14] esa opción.

Cuando la última pareja salió del bar, ya pasaban de las tres de la madrugada. Rosa había comenzado a colocar las sillas sobre las mesas haciendo bastante ruido. Era de esperar que al haberse producido un crimen en el barrio, sobre todo en verano, la gente solo hablara de ese tema. Y si además, la persona que había encontrado el cadáver era la dueña de un bar, entonces estaba claro que el local se convertía en el centro de cotilleo preferido. A lo largo de la noche, los clientes le habían pedido repetidamente a Rosa que contara cómo había encontrado a la muerta. Lo había relatado una docena[15] de veces y con cada una había añadido un nuevo detalle para no aburrirse.

—Rosa, hoy puedes dormir cuanto quieras. Yo abriré el bar mañana, ¿te parece? —le dijo Carmen mientras barría el suelo[16].

Los clientes, sobre todo los varones, estimaban a la camarera. Era bastante atractiva. Pelirroja, de tipo muy femenino y, además, simpática. «Va bien para el negocio», pensaba Rosa, aunque tuvo que acostumbrarse a que los hombres ya solo se fijaran en Carmen. Rosa, de pronto, se había sentido fea.

12 acudir: teilnehmen 13 fallecimiento: Verscheiden, Ableben 14 descartar: ausschließen 15 docena: Dutzend 16 barrer el suelo: den Boden kehren

—Gracias, Carmen, de maravilla. Estoy que no me tengo[17].

—Ah, Rosa, casi me olvido. Esta tarde vino Ramón, el vagabundo, y preguntó por ti. Decía que era importante y que volvería.

—¿Ramón el vagabundo? Qué raro. Nunca aparece por aquí.

Ejercicio 29

Setzen Sie die passenden Wörter ein.

tener equivoca otra llamar merece

Da irren Sie sich.	*Usted se ____________ en eso.*
Was sonst noch?	*¿Alguna ____________ cosa?*
Das hat er nicht verdient.	*No lo ____________.*
die Polizei rufen	*____________ a la policía*
Vertrauen haben zu	*____________ confianza en*

17 estoy que no me tengo: ich bin todmüde

Capítulo 4

Rosa había dormido de un tirón[1]. El cansancio del día anterior había desaparecido. Con nuevos ánimos[2] emprendió el camino al trabajo. Ni Pedro ni la marquesa estaban, como de costumbre, sentados en la terraza del bar. Solamente había una explicación. Rosa entró y, efectivamente, ahí estaban sentados en una mesa. Pedro y la marquesa la esperaban ansiosos. Un hombre mayor de aspecto bastante dejado[3] estaba junto a ellos. Llevaba el pelo largo y grasiento y barba de no haberse afeitado durante días. A pesar del calor vestía una parca verde. Tomaba un café con hielo.

Ejercicio 30

Schreiben Sie diese Zahlen in Worte.

39 ______________________

22 ______________________

11 ______________________

73 ______________________

84 ______________________

—Buenos días —saludó Rosa de buen humor.

—Por fin —contestó Pedro—. Te estábamos esperando.

—Buenos días, Ramón —se dirigió Rosa hacía el vagabundo—. Me han dicho que querías hablar conmigo. ¿Qué es tan importante?

1 dormir de un tirón: in einem Zuge durchschlafen 2 con nuevos ánimos: mit neuer Kraft 3 bastante dejado: runtergekommen

Rosa tenía claro que debía de haber una razón de peso, ya que Ramón solía ser introvertido y reservado. Por razones ajenas a él[4] había perdido su trabajo como agente inmobiliario, su mujer le había pedido el divorcio para irse con otro y, al final, el banco le había quitado el piso por impago[5]. Ramón se había quedado en la calle, pero el orgullo le impedía pedir limosna[6]. Rebuscaba en los contenedores del barrio. Se alimentaba de lo que tiraban los restaurantes. Así le conoció Rosa. A veces, cuando sobraba un bocadillo, ella se lo colocaba envuelto en papel de plata en la ventana del bar. Desde entonces, cuando coincidían, él la saludaba con un gesto. Era la segunda o tercera vez que ella oía su voz.

—Sí, importante, desde luego. Sé cuándo colocaron a la chica en el contenedor.

—¿Qué quieres decir con eso? ¿Acaso[7] lo viste? —preguntó Rosa, que tenía dificultad en oír lo que el vagabundo murmuraba[8].

—Tú has encontrado a la chica ¿no es así?

—Sí, es cierto.

—Bien, la encontraste alrededor de las cuatro y cuarto. Por lo menos, eso dice Pedro.

Ejercicio 31

Ergänzen Sie die folgenden Sätze mit den passenden unbestimmten Fürwörtern (wie z.B. *mucha, nada, algo* ...).

Mientras llegas, leeré 1. ___________ interesante. Aquí 2. ___________ hace lo que le viene en gana. Me dijeron lo 3. ___________ que me habías dicho tú. «4. ___________ son los llamados y 5. ___________ los elegidos». No había 6. ___________ gente, pero 7. ___________ los presentes parecían interesados. Por más preguntas que hizo el jefe, 8. ___________ se atrevió a decir 9. ___________. Hay quien dice que

4 por razones ajenas a él: wegen Umständen, die er nicht zu verantworten hat 5 impago: Nichtzahlung, Zahlungsausfall 6 pedir limosna: um Almosen betteln 7 acaso: vielleicht, etwa 8 murmurar: murmeln, nuscheln

sí, pero 10. __________ afirman lo contrario. Me dijo él 11. __________ que no lo había hecho. Ayer me presentaron a un 12. __________ Obama, un señor importante, por lo visto.

«No entiendo nada», pensó Rosa. Pero en ese instante comprendió por qué Ramón había venido a verla. Ramón se fiaba de ella. Por el contrario, el trato del vagabundo con la policía no había sido nunca agradable. A Ramón le daba pena que una chica tan joven hubiera sido asesinada y quería que el culpable fuera castigado[9]. Se había dado cuenta[10] de un detalle importante, pero jamás se lo habría contado a la policía. La curiosidad de Rosa aumentaba.

—Esa noche miré en todos los contenedores. Tenía un hambre tremenda[11]. También miré en el contenedor de aquí. Pero apenas[12] había nada.

—¿A qué hora fue eso? —preguntó Pedro.

—A las tres y media.

—¿En qué reloj viste la hora? —preguntó incrédula la marquesa—. ¿En tu Rolex?

—No, en el Rolex que te robé a ti y que ahora tengo en mi caja fuerte —supo replicar[13] Ramón—. Vi la hora en el reloj de la discoteca, ese con los números verdes.

Un ataque de tos sacudió[14] al vagabundo. Rosa se acordó de que había oído toser a un hombre aquella noche. Debió de ser Ramón.

—Bueno, me voy. Dile a los canallas que me detuvieron el año pasado que la chica fue depositada después de las tres y media.

9 castigar: bestrafen 10 darse cuenta de algo: bemerken, wahrnehmen 11 tremendo: fürchterlich, gewaltig, ungeheuer 12 apenas: kaum, knapp 13 replicar: erwidern, entgegnen 14 sacudir: schütteln, rütteln

Ejercicio 32

Setzen Sie die fehlenden Wörter ein.

Ya pasaban 1. ___________ las tres de la madrugada 2. ___________ la última pareja salió 3. ______________ bar. Rosa había comenzado a colocar las sillas 4. ______________ las mesas haciendo bastante ruido. Era 5. ______________ esperar. Cuando sucede un crimen 6. ______________ un barrio, 7. ______________ en verano, la gente ya solo habla 8. ______________ eso.

Ramón terminó el café con hielo y se fue.

—Es cierto —dijo Pedro—. Desde luego que se ve bien el reloj digital de la Caixa[15], al lado de la discoteca, sobre todo de noche.

—Y tanto que se ve bien —dijo Rosa y subió de pronto la voz—. Hola, doctor Redondo.

—Hola.

El médico entró en el bar, saludó en dirección a Pedro y la marquesa, que de repente hicieron como si estuvieran leyendo el periódico, y se dirigió a la barra donde tomó asiento en un taburete[16]. Pidió una cerveza bien fresca a Carmen. Parecía bastante menos tenso que aquella madrugada. Aparentemente indiferente miró hacia Pedro y la marquesa.

—No tienen por qué interrumpir su conversación solo porque esté yo. ¿Se creen que voy directamente a ver al comisario Pujol y le cuento todo lo que oigo?

—De acuerdo, nos ha pillado in fraganti. ¿Qué hay de nuevo, doctor? —intentó despistar Rosa.

—¿Por qué me preguntas a mí que hay de nuevo? Yo no he hablado con Ramón.

15 Caixa: katalanische Sparkasse 16 taburete: Hocker

Ejercicio 33

Übersetzen Sie die folgenden Verben.

warten ________________

bitten ________________

sprechen, reden ________________

ansehen ________________

sich entrüsten ________________

«¿Cómo puede saber el médico que Ramón nos ha contado algo?», pensó Rosa.

—Vale, nosotros le contamos lo que nos ha dicho Ramón…

—… y yo en contrapartida[17] os cuento lo que sé de Pujol.

Todos se quedaron mirando al médico.

—No puedo creerlo —apuntó Pedro—. ¿Quiere decir que Pujol realmente ha descubierto algo?

—Sí, pero que quede entre nosotros.

—Por supuesto —dijeron los cuatro al unísono. A Rosa no le resultó fácil no reírse, pero cuando se cotillea hay que poner cara seria.

—Pujol ha examinado el contenedor y ha encontrado el móvil de Linda. Había tres mensajes de texto…

—Y resulta que la muerta tenía una cita —cortó Pedro al forense.

El doctor Redondo miró a Pedro y enarcó las cejas[18]. Pedro bebió tranquilamente su cortado.

—Me lo confió Pujol cuando estuve en comisaría, de colega a colega, como quien dice y…

17 en contrapartida: im Gegenzug

—¡No nos habías contado nada! —se enojó[19] la marquesa—. ¡Debería darte vergüenza[20]!

—Pero no sé con quién tenía la cita.

Ejercicio 34

Was isst und trinkt man in einer Tapas-Bar? Streichen Sie die unpassenden Wörter durch.

el aperitivo	*la rusa*	*el chorizo*	*la arena*	*el bocata*
la tortilla	*la silla*	*la clara*	*el vino*	*la ensalada*
el jamón	*la pelota*	*la oveja*		

—Según Pujol, Linda mandó tres SMS, uno a una amiga y dos a un muchacho. Y por su parte recibió cuatro mensajes, todos de ese muchacho —añadió el forense.

—¿Qué decían los mensajes? —quiso saber Rosa.

—¿Pero qué diablos es un SMS? —inquirió[21] la marquesa que temía no enterarse de lo más importante.

—Un SMS es un mensaje de texto que se envía por móvil —le explicó Pedro—. Cosas que hace la gente joven, y que yo también podría hacer si no hubiera tenido que entregar mi móvil del trabajo al retirarme.

Su voz había adquirido un tono enojado.

—¡Qué tiempos! —exclamó la marquesa.

El forense continuó:

—En el primer mensaje, Linda pregunta al muchacho si tiene tiempo. El segundo mensaje es para una amiga a la que le cuenta que tiene una cita con un amigo, y el tercer mensaje vuelve a ser para el muchacho pidiéndole que vaya a recogerla a casa, ya que sus padres no están.

18 enarcar las cejas: die Augenbrauen heben 19 enojarse: sich ärgern, toben 20 dar vergüenza: schämen
21 inquirir: befragen, nachforschen

—Los padres estaban en el mismo convite que yo —concluyó el doctor Redondo.

Ejercicio 35

Setzen Sie die entsprechenden Präpositionen ein.

Después ______________ unos kilómetros ______________ la carretera, entra el coche ______________ la calle principal ______________ pueblo, empedrada ______________ toscos adoquines ______________ principios ______________ siglo ______________ un alcalde progresista; ______________ cien metros, está la Plaza Mayor ______________ una fuente ______________ el centro.

—¿Qué se sabe de los mensajes que recibió la muerta? preguntó Pedro.

—Pues tal como os he dicho, los cuatro son del mismo muchacho. En el primer mensaje acepta la cita, en el segundo dice que la esperará delante de su casa, y en el tercero y cuarto pregunta por qué no aparece y le dice que ya no espera más.

Ejercicio 36

Setzen Sie die in Klammern stehenden Verben in die passende Form.

1. *Haré por mi amigo lo que (estar) en mi mano.*
2. *Jamás (olvidar) este favor mientras (vivir).*
3. *No (creer) que Carlos (tener) éxito en ese negocio.*
4. *(Estar) plenamente convencido de que Luis (lograr) aprobar las oposiciones.*

5. *Mientras no me (decir) el director lo que él (querer), no (tomar) decisión alguna, a fin de no (complicar) la cuestión.*
6. *A mi amiga le (recomendar) el doctor que (ir) a un sanatorio de altura.*
7. *Nos dice el jefe que (pedir) aumento de sueldo, pero nadie (saber) si nos lo (conceder).*
8. *Cuando (yo) (llegar) a Múnich, te (escribir) una carta.*

El médico bebió un trago de cerveza y permaneció en silencio. Todos esperaban que continuase. Al darse cuenta de que el doctor no tenía intención de continuar, Pedro preguntó:

—¿Terminó ya la autopsia?"

El forense miró fijamente[22] a Pedro y movió la cabeza.

—Casi, pero esperamos el resultado de unas pruebas de tejido[23]. Antes no quiero decir nada en concreto. Y ahora quiero saber qué os ha contado Ramón.

—Nos ha dicho que el sábado rastreó los contenedores en búsqueda de comida, y que a las tres y media todavía no había nadie en el contenedor —le explicó Rosa.

—Por lo cual la víctima tuvo que ser colocada en el contendor entre las tres y media y las cuatro y cuarto —dedujo el forense al cabo de un rato—. Bueno, me tengo que ir al laboratorio.

Pedro también se levantó y se fue a la parte trasera del bar. Agarró el teléfono y marcó el número del comisario.

—Hola Pujol, tengo una información importante para usted. Me la susurró[24] alguien al oído.

—¿Respecto al asesinato?

22 fijamente: aufmerksam 23 tejido: Gewebe 24 susurrar: murmeln, zuflüstern

—Pues claro.

—Por teléfono ahora no. Mejor venga a mi oficina —contestó Pujol y le colgó. El comisario parecía enfadado.

«¿Quién sabe a quién estará interrogando en estos momentos? —pensó Pedro—. Probablemente a la amiga de la muerta o al muchacho con quién tenía la cita». Volvió a la mesa y le dijo a la marquesa:

—Pujol quiere que vaya a comisaría. No te marches, espérame.

—No te preocupes.

—Bueno, pues hasta luego.

Ejercicio 37

Wie heißt das Gegenteil? Ordnen Sie zu.

calidez, enemistad, seguridad, tristeza, enemiga, valentía, muerte

la amiga ______________________

la cobardía ______________________

la lejanía ______________________

la vida ______________________

la alegría ______________________

la amistad ______________________

la frialdad ______________________

el peligro ______________________

Capítulo 5

«¡Qué calor! Era sofocante. ¡Al diablo con ese Pujol! Incluso voy a pillar una insolación[1] por ese mendrugo[2]», era lo único en lo que pensaba Pedro mientras caminaba en dirección al Carrer Nou de la Rambla.

Le costaba no arrastrar los pies. Iba buscando la sombra, que era escasa. Solamente se tardaba un cuarto de hora desde el bar a la comisaría, pero era suficiente para acabar con la camisa empapada de sudor. Odiaba estar sudado, se sentía incómodo.

Ejercicio 38

Fügen Sie die entsprechende Nationalität ein. Beispiel: Las montañas de Honduras son *hondureñas*.

Los ríos de Paraguay son ________________.

El lago Como de Italia es ________________.

La poesía de Nicaragua es ________________.

El canal de Panamá es ________________.

El café de La República Dominicana es ________________.

Los políticos de El Salvador son ________________.

Las playas de Uruguay son ________________.

El petróleo de Venezuela es ________________.

1 pillar una insolación: ugs. einen Sonnenstich bekommen 2 mendrugo: Schwachkopf

Entró en comisaría y se sentó en un banco en el pasillo. Estiró las piernas y se abanicó[3] con un boletín[4] que había a su lado. Sabía que tenía que esperar un buen ratito. Conocía las costumbres de Pujol. Le encantaba hacer esperar a la gente. Así se daba más importancia. De pronto se abrió la puerta, y Pujol salió de su oficina, le saludó y le pidió que esperase un momento, que dentro de nada estaría con él. La puerta de la oficina quedó entreabierta[5]. Pedro pudo ver a una chica de aproximadamente diecisiete años con ropa muy ajustada y a un muchacho que parecía poco mayor que ella. El muchacho era de estatura mediana, moreno y con dientes tan blancos que casi deslumbraban[6]. Tenía aspecto cansado, como si no hubiese dormido durante algún tiempo. Los ventiladores en el techo de la oficina iban a toda marcha[7], sin embargo el muchacho tenía gotas de sudor en la frente y, era obvio que la chica había llorado.

Pujol, por lo visto, se sentía muy a gusto en su oficina. Disfrutaba viendo sufrir a la joven pareja. Pedro oyó como Pujol le decía a la chica:

—No olvides firmar tu declaración. No abandones[8] la ciudad y estate localizable.

Ejercicio 39

Übersetzen Sie die folgenden Begriffe.

comisaría ____________________

banco ____________________

pasillo ____________________

las piernas ____________________

un ratito ____________________

importancia ____________________

la oficina ____________________

3 abanicar: wedeln, fächern 4 boletín: Amtsblatt 5 entreabierto: halb offen, angelehnt 6 deslumbrar: blenden 7 a toda marcha: auf Hochtouren 8 abandonar: verlassen, zurücklassen

La chica se sonó la nariz[9]. Había estado llorando en silencio con la cabeza agachada[10]. El muchacho miraba al suelo. Estaba angustiado[11]. «Con razón», pensó Pedro. Cuando la chica se hubo recuperado, le echó una mirada al muchacho como preguntando si debía esperarle. El muchacho hizo un movimiento con la mano indicándole que no era necesario, que ya se las arreglaría. No obstante, la chica salió de la oficina y se sentó en el banco junto al excomisario. Iba a esperar al muchacho. Unos veinte minutos más tarde pasó un policía por el pasillo.

—Hola, señor comisario, qué sorpresa verle aquí. ¿Qué tal? ¿Cómo le va el retiro? —saludó el policía.

—Gracias, muy bien. Todo muy tranquilo. Procuro no pasarme un semáforo en rojo, no sea que…

Ejercicio 40

Ergänzen Sie die Sätze mit den richtigen Verben.

(Cuando) la chica ________________, le ________________ una mirada al muchacho como preguntando si ________________ esperarlo. El muchacho ________________ un movimiento con la mano indicándole que no ________________ necesario, que ya se las arreglaría. No obstante, la chica ________________ de la oficina y se ________________ en el banquillo junto al excomisario. ________________ a esperar al muchacho. Unos veinte minutos más tarde ________________ un policía por el pasillo.

En ese instante salieron el muchacho y Pujol de la oficina e interrumpieron la conversación. El policía se apresuró a seguir su camino mientras se despedía de Pedro:

—¡Que le vaya bien, comisario!

9 sonarse la nariz: sich die Nase schnäuzen 10 agachado: gebückt, gebeugt, *hier:* gesenkt 11 angustiado: besorgt, verängstigt

Pedro y Pujol pasaron a la oficina y se sentaron.

—¿Novedades?

—Pues sí. Esta mañana vino Ramón el vagabundo al bar y contó algo muy interesante.

—Le escucho.

—Ramón estuvo rebuscando los contenedores a las tres y media de la madrugada. Y a esa hora todavía no había ninguna víctima.

—Ajá. ¿A las tres y media dice? ¿Y cómo es que sabe la hora tan exacta?

—La vio en el reloj digital de la Caixa que está al lado de la discoteca Imperial.

—Interesante.

Pujol giró la cabeza y se quedó pensando un rato.

—Muy interesante. La chica fue depositada en el contenedor entre las tres y media y las cuatro y cuarto. Un lapso de tiempo muy corto. Además, sabemos que fue asesinada entre las doce y la una de la noche según el resultado de la autopsia; un dato que no falla[12], el forense no se equivoca.

¿Por qué pasaron entre dos y cuatro horas desde que el asesino mató a la chica y se deshizo del cadáver[13]? ¿Qué significa eso?

Ejercicio 41

Geben Sie die folgenden Imperative in der verneinten Form wieder.

1. *Escríbele a tu hermano lo que ha ocurrido.* ______________________
2. *Repite lo que has dicho.* ______________________
3. *Ponte la corbata.* ______________________

12 un dato que no falla: eine Angabe, die nicht falsch sein kann 13 deshacerse de: sich entledigen von

4. *Trae el libro que te pedí.* ____________________

5. *Mándale este paquete.* ____________________

6. *Apaga el televisor.* ____________________

Pujol se quedó pensativo durante un rato.

—Significa que el crimen pudo cometerse en un radio de distancia del contenedor de cien kilómetros o más. Por ejemplo, en cualquier lugar de la Costa Brava, del Pirineo o sabe dios dónde. Esto se está liando[14].

«Tú eres el que se está liando», pensó Pedro.

—Bien, gracias —dijo Pujol, dando por terminada la entrevista.

Ejercicio 42

Bilden Sie Fragen.
Beispiel: ¿Quién es ese?

¿____________________ *llamas?*

¿____________________ *le prestas ese dinero?*

¿____________________ *le va el retiro?*

¿____________________ *calor? Era sofocante.*

¿____________________ *significa esto?*

Cuando Pedro salió de comisaría, seguía haciendo ese calor tremendo. La chica le estaba esperando fuera. Ya no lloraba. Al ver a Pedro, se le acercó.

—Perdón, ¿puedo preguntarle algo?

14 liarse: immer verworrener, verzwickter werden

Pedro no contestó directamente a la pregunta, pero su mirada indicaba que había reconocido a la chica de comisaría y que estaba dispuesto a escucharla.

—Alejémonos[15] un poco de aquí.

Aunque Pedro ya no acostumbraba a caminar muy ligero, la chica tuvo que esforzarse para mantener el paso con sus zapatos de tacón alto[16]. Pedro admiraba la habilidad de la muchacha. Siempre le asombraba[17] cómo podían caminar las mujeres con esos zapatos. La chica se parecía a esas muñequitas[18] que poblaban[19] el bar de Rosa antes de abrir la discoteca Imperial.

—¿Es usted un comisario retirado?

—Sí —Pedro asintió con la cabeza.

—¿Conoce usted bien al comisario Pujol?

—Fuimos colegas. Ahora estoy retirado, como usted sabe.

—¿Está usted enterado del caso de la chica muerta que encontraron en El Raval?

—¿Por qué me lo pregunta?

—Porque ha estado en la oficina del comisario Pujol.

—¡Vaya al grano, señorita!

Ejercicio 43

Setzen Sie die richtige Zeit des Imperfekts ein.

1. *Cuando doña María ________________ (ser) pequeña, siempre ________________ (levantarse) temprano.*
2. *Mis padres siempre ________________ (irse) juntos al bar.*
3. *Todos los domingos ________________ (nosotros/comer) algo especial.*
4. *Vosotros nunca me ________________ (ayudar)*

15 alejarse: sich entfernen 16 tacón alto: hoher Absatz 17 asombrar: erstaunen, verwundern
18 muñequita: Püpchen 19 poblar: bevölkern

La chica se paró, miró al suelo y luego volvió la cara. Se puso a llorar. Pedro se la quedó mirando. Durante su vida laboral había visto llorar a muchas mujeres. Sabía distinguir muy bien cuándo una mujer lloraba por conseguir algo y cuándo era sincera. La chica le daba lástima. Era obvio que algo la preocupaba seriamente.

—¿Qué te pasa, muchacha?

—El comisario Pujol se quiere cargar a[20] Pep.

—¿El muchacho que estaba en la oficina de Pujol?

La chica asintió.

—Pep y la chica asesinada habían quedado ayer para verse.

—¿Cómo sabes que tenían una cita?

—Pep es mi hermano.

La chica encendió un cigarrillo y le dio unas caladas[21].

—La muerta era mi amiga. Se llamaba Linda. Linda me llamó anteayer y me contó que tenía una cita al día siguiente para ir a cenar, pero no me dijo con quién. Le pregunté si tenía novio[22], y dijo que de alguna forma sí. Cuando le pregunté si yo lo conocía, contestó que seguro que no.

Ejercicio 44

Setzen Sie die in Klammern stehenden Verben in die entsprechende Form.

1. *Me habla como si yo (ser) la jefa del bar.*
2. *A veces pienso que si (tú) no (trabajar) tanto, (vivir) mejor.*
3. *Si (tú, poder) salir un poco antes, (encontrarnos) en el bar de la esquina.*
4. *Mi hijo es muy inteligente; si (querer), (poder) sacar sobresaliente en todas las asignaturas.*
5. *Dijo mi madre que (prestarme, usted) un par de limones.*

20 cargarse a alguien: jemandem die Schuld zuschieben 21 dar unas caladas: ein paar Züge nehmen 22 novio: Freund *(Beziehung)*

La chica había dejado de llorar. Sacó un pañuelo[23] y se sonó. Pedro sabía que el comisario Pujol siempre optaba por la solución más fácil.

—¿Y por qué crees que Pujol se quiere cargar a tu hermano? —preguntó Pedro.

—Pep recibió ayer un SMS de Linda diciéndole que la fuera a recoger a las once de la noche a su casa. Lo sé porque leí el mensaje.

—¿Te enseñó Pep el mensaje?

—Lo leí sin que se diera cuenta... Sé que no está bien, pero no me gustaba que saliesen juntos.

«Mira por dónde», pensó Pedro.

—¿Qué inconveniente tenías[24] tú en que tu hermano saliera con Linda?

La chica se pasó los dedos por el cabello mirando a lo lejos.

Pedro ya pensaba que no iba a contestarle cuando ella reanudó[25]:

—Sé que no debo hablar mal de Linda. Ella era una muchacha independiente y espabilada[26].

Ejercicio 45

Setzen Sie die Verben in den Infinitiv.

1. *salió* ________________
2. *esperando* ________________
3. *lloraba* ________________
4. *acercó* ________________
5. *contestó* ________________
6. *indicaba* ________________
7. *escuchar* ________________

23 pañuelo: Taschentuch 24 tener inconveniente: etwas dagegen haben 25 reanudar: fortsetzen
26 espabilado: aufgeweckt, clever

«Entiendo —pensó Pedro—. Otros la llamarían una zorra[27]». El conocía a Linda solo de verla. Había aparecido en el bar de vez en cuando, pero siempre vestida muy puesta y provocativa, en fin… de buen ver[28].

—No quería que se aprovechase de mi hermano como de los demás. Pep estaba loco por ella. La llamaba, en ocasiones tres y cuatro veces al día. La seguía como un perrito. Hasta tuvo problemas con el dueño de la discoteca.

—¿Con Ernesto, el de la discoteca Imperial?

—Sí, ella trabajaba para él.

—¿De qué? ¿De camarera?

La chica vaciló[29] durante unos instantes.

—No precisamente, más bien en el servicio de compañía.

—Y tú también trabajas para Ernesto.

Avergonzada[30], la chica agachó la cabeza y sollozó[31]. Cuando la levantó, le temblaba la barbilla y tenía los ojos brillantes. Sin embargo, retuvo[32] las lágrimas.

—¿Saben tus padres a lo que te dedicas?

—Mis padres no tienen ni idea. Tengo miedo de ir a casa. Si se enteran, no sé qué pasará.

—Tal vez deberías de ir y contárselo todo. Mejor que se enteren por ti y no por Pujol, ¿no te parece?

La chica bajó la mirada. Luego asintió con la cabeza.

—Tal vez tenga usted razón. De todas formas, ¡ayude a mi hermano! Se lo ruego. Es inocente.

—¿Qué miedo tienes por tu hermano? Pujol todavía no lo ha arrestado, y los mensajes de texto no son indicios suficientes para probar su culpa.

—Dios le oiga, señor comisario. Adiós.

La chica se dio la vuelta para marcharse.

27 zorra: Füchsin, *hier:* Schlampe 28 de buen ver: gut anzusehen 29 vacilar: zaudern, zögern
30 avergonzado: beschämt 31 sollozar: schluchzen 32 retener: zurückhalten

—¿Cómo te llamas? —quiso saber Pedro.

—Me llamo Alba Martínez.

—Alba, bonito nombre.

Cuando Pedro entró en el bar, Rosa y la marquesa estaban esperándole. Pedro sabía que querían oír las últimas novedades. Por eso se unió a ellas en la barra y comenzó a contar:

—Bueno, ya sabemos la hora de defunción de la muerta.

—Hazme un favor —le interrumpió Rosa a Pedro—. No digas más «la muerta». Se llamaba Linda, y nosotros la conocíamos. Me suena muy frío decir siempre la muerta.

—Está bien, la llamaré Linda. Pues, según el forense, Linda fue asesinada entre las doce y la una de la noche. Cuando llegué a comisaría, Pujol estaba interrogando a una amiga de Linda y a su hermano. Es la pareja con la que Linda había intercambiado los SMS el día de su muerte. Por lo visto, Pujol les ha presionado, y ahora están intimidados[33]. Alba, así se llama la chica de comisaría, me ha contado que su hermano Pep recibió el último SMS de Linda. Pep y Linda querían encontrarse a las once para salir a cenar. Pep le contó a su hermana que había esperado delante de la casa de Linda desde las once menos diez hasta las once y media. Esto son los hechos. Ahora bien: Alba piensa que Linda y su hermano estaban liados[34]. No sé si es verdad. Ella dice que no le parecía bien porque...

—Porque, aunque no se deba hablar mal de los muertos —le cortó la marquesa—, esa Linda era una fulana[35] que cambiaba de novio cada dos por tres[36].

33 intimidar: einschüchtern 34 estar liados: ein Verhältnis haben 35 fulana: Hure 36 cada dos por tres: alle Nasen lang

Setzen Sie die passende Form ein.
Beispiel: Tengo el coche *de* Rosa.

Carmen visita ________________ dueño de la tienda.

Los hermanos van ________________ Girona.

Venimos ________________ Málaga.

La chica viene ________________ pueblo.

Conocemos ________________ jefe.

¿Dónde están las entradas ________________ los chicos?

Voy ________________ casa.

La casa ________________ mis amigos

Los padres ________________ Pedro están en Sevilla.

Tenemos las llaves ________________ coche.

Pedro se quedó mirando a la marquesa, alzó un momento los hombros y contestó de forma indiferente:

—En este barrio todo se sabe ¿verdad?

—A ver, Pedro, tú sabes como se vestía Linda —se ofendió la marquesa—. Claro, a los hombres os gusta como se visten ciertas chicas. Pero yo te digo que no tenía clase y que siempre cambiaba de fulano.

Pedro estaba sorprendido del ímpetu[37] de la marquesa, pero por lo visto las mujeres se fijaban[38] más en estas cosas. «Ellas siempre son muy críticas, sobre todo, cuando se trata de otras mujeres», pensó Pedro.

37 ímpetu: Inbrunst 38 fijarse en algo: auf etwas achten

Ejercicio 47

Ergänzen Sie die passende Silbenanhängung.
Beispiel: *libro – librito, librillo, librete.*

pequeño – pequeñ________, pequeñín

poco – poquito, poquit________

pájaro – pajarillo, pajar________, pajarí________

pie – piececito, piececi________

flor – florec________, florecilla

pan – pane________

sol – sole________

Rosa confirmó la observación de la marquesa:

—Es cierto, Linda mantenía relaciones con tíos. Me lo contó Xavi, un tipo que trabaja en el Imperial.

El Imperial era una discoteca para gente que se tenía por[39] muy moderna. Tanto en verano como en invierno hacían cola para entrar en la discoteca. Había buscavidas[40], quinquis, nuevos ricos, pijos y también gente corriente. Y todos tenían que pasar por el gorila[41] de la puerta. Xavi era uno de esos gorilas.

—¿Qué te contó en concreto? —preguntó Pedro.

—Que Linda era una clienta habitual en el Imperial y que solía desgastar[42] más los sofás con los tíos que la pista de baile… Y que este verano no apareció muchas veces en la discoteca, por lo cual tuvo problemas con Ernesto, el dueño.

39 tenerse por algo: sich für etwas halten 40 buscavidas: Lebenskünstler 41 gorila: Gorilla, *hier:* Türsteher 42 desgastar: abnutzen

Ejercicio 48

Ordnen Sie die deutsche Übersetzung zu.

1. *la bala*	*das Taschentuch*
2. *la cera*	*die Tür*
3. *el ratón*	*die Maus*
4. *el río*	*das Streichholz*
5. *la cuchara*	*der Schuh*
6. *el pañuelo*	*die Kugel*
7. *la cerilla*	*der Fluss*
8. *la puerta*	*das Wachs*
9. *el zapato*	*der Löffel*

Ernesto no era solamente el dueño de la discoteca, también se lo conocía por otras actividades, por ejemplo, el servicio de compañía con muchachas jóvenes de pueblo o de Europa Oriental.

—¡Veis como yo tenía razón! —exclamó la marquesa—. ¡Linda era una fulana!

—No se trata de eso, María —contestó Rosa—. La cuestión es ¿por qué Linda ya no frecuentaba últimamente la discoteca? ¿Había encontrado a un novio dispuesto a sacarla de ese medio? ¿Quería cambiar de vida y abandonar el servicio de compañía? No lo sabemos. Lo que sí sabemos es que Linda era una chica espabilada. ¿Pedro, qué opinas tú de ese muchacho Pep?

—Lo vi solamente a través de la puerta entreabierta de la oficina de Pujol. Es joven y estaba intimidado. No me daba la impresión de que hubiera podido mantener[43] a Linda. Pienso que su hermana Alba

43 mantener a alguien: jemand versorgen, für den Unterhalt aufkommen

tenía razón, que Linda solamente se quería aprovechar de[44] Pep. Claro, si Pep se había sentido engañado[45], tenía un motivo para asesinarla, por ira[46]. El problema es que Pujol es partidario de soluciones rápidas. Acabará enterándose de estas informaciones, tomará sus conclusiones, y Pep terminará en la cárcel[47]. Trabajo listo, caso solucionado.

Ejercicio 49

Geben Sie die folgenden Sätze im Infinitiv wieder, z.B. mit *al*. Beispiel: Paró el coche, y el semáforo cambió a verde./Al parar el coche, el semáforo cambió a verde.

1. *Cuando entré, me saludó.* ______________________
2. *Cuando termines, me llamas.* ______________________
3. *A la puesta del sol, crecen las sombras.* ______________________
4. *Cuando abrí la ventana, oí el dulce canto de dos pajarillos.* ______________________

—Ese Pep corre el riesgo de cargar con el crimen cometido[48] por otro —añadió Rosa a la reflexión.

—No sería el primer inocente en la cárcel. Si yo os contará… —comenzó la marquesa.

—No. María, por favor. No nos despistemos[49] del caso —la cortó Rosa, que temía un discurso sobre injusticias durante la época de Franco—. Pedro ¿qué te pareció la hermana de Pep?

—Alba estaba realmente preocupada. Creo que decía la verdad. Linda le comentó por teléfono que tenía una cita al día siguiente, pero que no era con Pep, sino con otra persona. No quiso decirle con quién,

44 aprovecharse de alguien: jemanden ausnutzen 45 engañar: täuschen, belügen 46 ira: Zorn, Wut 47 cárcel: Gefängnis 48 cometer: verüben, begehen 49 despistar: ablenken, sich verirren

algo extraño[50], ¿no os parece? O bien Linda estaba citada con Pep y mentía para ahorrarse discusiones con Alba o bien era verdad que había quedado con otra persona. Pero por qué no dijo el nombre de esa persona. Sobre todo si Alba no la conocía, según le aseguró Linda por teléfono. Alba también le había preguntado a Linda si tenía novio, y ella dijo que de alguna forma sí. ¿Qué significa eso? O tienes novio o no lo tienes. ¿Qué es eso de «de alguna forma»? No lo entiendo.

Ejercicio 50

Setzen Sie die richtige Vergangenheitsform ein.

1. *Cuando ____________ (yo, tener) 19 años, ____________ (yo, conocer) a mi mujer. Antes ya ____________ (yo, tener) otras novias.*
2. *Esta mañana ____________ (nosotros, ver) a tus abuelos.*
3. *Pep ____________ (venir) un día a mi casa y me ____________ (explicar) el problema.*
4. *Ayer ____________ (ellos, estar) en Santa Pola.*
5. *Nunca ____________ (tú, entender) a los hombres.*

Pedro no continuó dando explicaciones. Todos se quedaron pensativos. Se habían estancado. ¿Por qué dijo Linda «de alguna forma»?

—Si tengo una aventura amorosa con un hombre casado, desde luego que no tengo novio. Lo único que tengo es mala sombra[51] por destrozar un matrimonio. Que me lo pregunten a mí. El guarro[52] de mi marido…

50 extraño: seltsam 51 tener mala sombra: rücksichtslos sein 52 guarro: unanständig, unsittlich, dreckig

—María, es usted genial —elogió Rosa a la marquesa—. Posiblemente Linda tenía una aventura con un hombre casado.

—¡Hagamos un resumen! —dijo Pedro—. Linda había quedado con Pep o con otra persona, posiblemente un hombre casado…

—Ya lo tengo —exclamó Rosa con una mirada triunfante a los presentes—. ¿Qué queréis tomar? Os invito. Sé por qué Linda no tuvo la cita con Pep. Además, hay una cosa que no se me va de la cabeza. Pienso que Pep no es el asesino.

Todos se quedaron mirándola asombrados.

—No bromeo[53]. Sin embargo, no sé cómo demostrarlo. Solo son indicios para su inocencia, no son pruebas infalibles[54].

—¿Pero quieres hacer el favor de contarnos lo que has descubierto? —le preguntó la marquesa impaciente.

—Os lo cuento, pero que quede entre nosotros. ¿Está claro?

Estaban todos que reventaban[55] de curiosidad.

Ejercicio 51

Was kann man womit tun? Ordnen Sie zu.

la cabeza	*pensar*
abrazar	*los pulmones*
los labios	*oír*
los músculos	*los brazos*
respirar	*ver*
el ojo	*hacer fuerza*
el oído	*besar*

53 bromear: scherzen 54 infalible: untrüglich, unfehlbar 55 reventar: platzen

Por oder *para*? Ergänzen Sie.

1. *Esta mañana hemos paseado* ______________ *la ciudad.*
2. *Este regalo es* ______________ *ti.*
3. *Trabajamos* ______________ *tener dinero.*
4. ______________ *eso hemos ido a la policía.*
5. *Nunca está en casa* ______________ *las noches.*

Capítulo 6

«Ha sido asesinada una chica joven de tan solo diecisiete años en la noche del sábado al domingo. Su novio, de dieciocho años, afirma que había quedado con ella a las diez de la noche del sábado, pero también asegura que la chica no acudió a la cita. Los agentes policiales, sin embargo, opinan lo contrario. De hecho, el comisario en jefe, Eduardo Pujol, ha calificado oficialmente al novio de sospechoso principal. La situación parece poco prometedora[1] para el novio. El doctor Redondo, forense del caso, confirmó que el asesinato se había cometido entre la medianoche y la una de la madrugada. Según Pujol, el novio carece de coartada[2] para esas horas. El cuerpo sin vida de la joven fue encontrado en un contenedor de basura».

Ejercicio 53

Setzen Sie die fehlenden Wörter und Präpositionen ein.

—¿_____________ dónde coño sacan estos periodistas sus informaciones? —quiso _____________ Carmen—. No me puedo imaginar que Pujol les revelase _____________ estos datos.

—Un poco _____________ cotilleo por aquí, un poco de cotilleo _____________ allá, un agente indiscreto que tiene un hobby caro, y ya tienes tu noticia compuesta _____________ suposiciones y datos concretos. El _____________ aumenta el número de ventas, y el lector se lo cree todo _____________ lo dice el periódico. Así funciona el mundo de las noticias —le explicó Rosa desde _____________ de la barra.

Eran las diez de la mañana. La marquesa leía un artículo de prensa en voz alta. El periódico había dedicado al siniestro[3] una página entera

1 prometedor: vielversprechend 2 coartada: Alibi 3 siniestro: Unglück

en su sección de noticias locales. Pedro y Carmen estaban sentados en la mesa junto a la marquesa. La escuchaban atentos, sin interrumpirla. Rosa colocaba los bocadillos sobre una bandeja, detrás de la cristalera de la barra. No los preparaba ella, se los traían cada día recién hechos.

Ejercicio 54

Welches Wort passt nicht in die Reihe? Streichen Sie es durch.

aperitivo – merienda – primer plato – postre

fiambre – jamón – tocino – mariscos

metro – peso – tamaño – temperatura

juez – fiscal – testigo – juicio

dólar – rublo – euro – pfennig

«La policía local constata[4] que el crimen no fue cometido en el lugar donde se encontró a la fallecida. Tras el examen de un coche rojo hallado[5] cerca del contenedor, no cabe duda de que el asesino trasladó a la víctima en ese vehículo al barrio de El Raval y la depositó en el contenedor. Después de deshacerse del cadáver, el asesino abandonó el lugar a pie. El coche rojo pertenecía[6] a la joven asesinada».

«¿De dónde narices sacan estos periodistas sus informaciones? —quiso saber Carmen—. No me puedo imaginar que Pujol les diese todos estos datos».

—Un poco de cotilleo por aquí, un poco de cotilleo por allá, un agente indiscreto que tiene un *hobby* caro, y ya tienes tu noticia compuesta de suposiciones[7] y datos concretos. El periódico aumenta el

4 constatar: bestätigen 5 hallar: auffinden, vorfinden 6 pertenecer: gehören 7 suposición: Annahme, Vermutung

número de ventas, y el lector se lo cree todo porque lo dice el periódico. Así funciona el mundo de las noticias —le explicó Rosa desde detrás de la barra.

—Nosotros sabemos que Pep es inocente, pero todavía no sabemos quién es el asesino. Tal vez deberíamos volver a hablar con Xavi y los otros gorilas de la discoteca. Puede que nos den algún dato que se nos haya escapado —reflexionó Rosa en voz alta.

—Hasta por la tarde no suelen aparecer por la discoteca—intervino Carmen.

—Pues les pedimos que se pasen por la tarde por el bar para hablar de Linda.

—¿Y por qué crees que van a dejar el trabajo para venir a hablar contigo? —preguntó la marquesa.

—A mí me deben algunos favores de mi tiempo activo en la policía. Si les decís que el excomisario Villalobos quiere verlos, vendrán sin más preguntas —contestó Pedro.

—Buena idea, Pedro —anotó Rosa—. Carmen, ¡vete tú esta tarde a la discoteca y diles que vengan! ¿De acuerdo?

Carmen no tuvo el tiempo de contestar. El comisario Pujol entró en el bar e interrumpió el diálogo sin darse cuenta. Se le veía enfadado[8]. Todos agacharon la cabeza[9] y simularon no haberlo visto. Rosa sonrió. Con ese paso militar que tenía Pujol cuando estaba fuera de sí[10], parecía aun más pequeño.

—Buenos días, comisario. ¿Un café? —le preguntó.

Pujol hizo como que no la había oído. Se sentó en una mesa pequeña y se la quedó mirando, callado, con la cabeza inclinada hacia un lado. El bigote[11] le ocultaba completamente la boca. «¡Ajá! —pensó Rosa—. Ha cambiado de papel. Ahora va de Poirot».

8 enfadado: erbost, wütend 9 agachar la cabeza: den Kopf senken, sich ducken 10 fuera de sí: außer sich 11 bigote: Schnurrbart

Ejercicio 55

Fügen Sie die korrekte Bezeichnung ein: *desde – hace – desde hace*

1. *Carlos no me ha visto* ______________ *mucho tiempo.*
2. *Vivimos en Barcelona* ______________ *el año 1999.*
3. *El taxista vive en Córdoba* ______________ *años.*
4. *Te estamos esperando* ______________ *media hora.*
5. ______________ *diez años no había turistas en Blanes.*
6. *Carla estudia alemán* ______________ *dos años.*
7. *José está en España* ______________ *el 5 de junio.*
8. ______________ *diez años muchos de los habitantes de Blanes eran pescadores.*
9. *El pueblo está lleno de turistas* ______________ *el mes de abril.*
10. *Te ha llamado* ______________ *unas horas.*

Pedro y las dos mujeres no rechistaron[12].

—¿Un café? ¿Una cervecita? ¿Quizás un refresco? ¿Qué le pongo, comisario? —volvió a preguntar Rosa.

Pujol continuó callado. Al cabo de un rato rompió su silencio.

—Tenemos que hablar seriamente. Quiero que vengas ahora mismo conmigo a comisaría.

A Rosa se le fue la sonrisa.

—Podemos hablar aquí igualmente, señor comisario.

—Me has entendido muy bien. Vamos a comisaría. Es el lugar donde se hacen los interrogatorios, no en los bares —respondió Pujol fríamente.

12 rechistar: etw. erwidern

—Por supuesto —se entrometió Pedro—. En comisaría se investiga, aquí en el bar solamente se…

—No le he pedido su opinión, señor Villalobos —le cortó bruscamente Pujol.

Pedro no objetó nada y se calló.

—Quiero hablar contigo en comisaría, sin este coro. Así que ¡vamos!

Ejercicio 56

Ordnen Sie die Ausdrücke des oberen Abschnittes zu (S. 67–68).

enfadado	*lächeln*
agachar la cabeza	*schweigend*
sonreír	*Kopf beugen*
callado	*wütend*

—¿Te haces cargo[13] del bar, Carmen? —preguntó Rosa—. Y no te olvides de nuestros clientes esta tarde —le recordó guiñando un ojo[14].

—Vete tranquila, Rosa, ya me encargaré de todo. Le pasaré la factura de mis horas extras al comisario —respondió Carmen.

Ejercicio 57

Schreiben Sie das Rezept mit dem unpersönlichen *se* um.

1. *Abra una lata de habas.*

2. *Ponga las habas en una cacerola.*

3. *Eche una cucharadita de vinagre en la cacerola.*

13 hacerse cargo: übernehmen 14 guiñar un ojo: blinzeln

4. *Cocine a fuego lento.*
5. *Llene otra cacerola de agua; hierva el agua.*
6. *Ponga una taza de arroz en el agua hirviendo.*
7. *Lleve el agua a ebullición una vez más.*
8. *Agregue sal y pimienta.*
9. *Cueza a fuego lento hasta que el arroz esté listo.*
10. *Sirva el arroz con las habas.*
11. *Taje o corte en pedazos una cebolla.*
12. *Ponga las cebollas tajadas encima del arroz y las habas y sirva.*

Rosa agarró su bolso y metió los cigarrillos y el monedero.

—Estoy lista, ¡vámonos!

Al salir a la calle y no ver ningún coche policial, Rosa se enfadó

—¿No pretenderá ir andando? Sé que la comisaría no está lejos, pero no estoy para dar paseítos. Tengo trabajo…

—Tranquila hijita, no me digas lo que tengo que hacer. Vamos caminando y punto. Y mucho cuidado con lo que dices ¿eh?, que al final saldrás perdiendo.

Pujol era un experto en intimidar a la gente.

Ejercicio 58

Was gehört zusammen?

Ich fühle mich nicht gut.	*Me siento mal.*
Ich bin erschöpft.	*Estoy de los nervios.*
Ich bin mit den Nerven am Ende.	*Estoy agotado/-a.*
Ich bin nicht gut drauf.	*No me siento bien.*
Ich fühle mich schlecht.	*No estoy de humor.*

Capítulo 7

Rosa estaba de mal humor. Había pasado unas dos horas en comisaría. Cuando llegó al bar era la hora de la comida. Había unos cuantos clientes sentados en la terraza. Se veía de lejos que eran turistas, probablemente alemanes o ingleses con la piel quemada por el sol[1]. Antes no se atrevían a pasar por el Barrio Chino, preferían quedarse en el Barrio Gótico. Pero los tiempos cambian.

Tomaban refrescos, cervezas y unos bocadillos. Aprovechaban la tranquilidad de esta zona del centro barcelonés. Sobre todo las horas de la sobremesa[2] eran realmente una hora de sosiego[3] en El Raval. Las calles solían estar vacías.

Ejercicio 59

Ordnen Sie die deutschen Begriffe zu.

Ich will nicht.	*No tengo ganas.*
Das ist dein Problem.	*De eso nada.*
Kommt nicht infrage.	*Es tu problema.*
Das ist nicht möglich.	*Eso no me dice nada.*
Ich habe keine Lust.	*No quiero.*
Damit kann ich nichts anfangen.	*No es posible.*
Tut mir sehr leid.	*Lo siento mucho.*

1 piel quemada por el sol: Sonnenbrand 2 sobremesa: früher Nachmittag, nach dem Mittagessen 3 sosiego: Ruhe, Stille

Rosa entró al bar, se fue a la barra y preguntó:

—¿Todo bien, Carmen?

—Aquí todo bien. ¿Y tú qué tal? ¿Os habéis hecho amigos Pujol y tú?

—Déjate de ironías, que no estoy para bromas.

—Vaya humor que traes —se ofendió Carmen—. Parece que te han incorporado en la lista de sospechosos.

Ejercicio 60

Pretérito indefinido: Setzen Sie die richtige Verbform ein.
Beispiel: Yo (hablar) *hablé* con Luis.

Estaba leyendo un libro cuando alguien (tocar) 1. ___________ el timbre.

La semana pasada (tú, visitar) 2. ___________ a María.

Linda me (escribir) 3. ___________ el lunes pasado.

Ayer (yo, trabajar) 4. ___________ hasta las cinco.

Mi madre (nacer) 5. ___________ en 1944.

¿Dónde (tú, comprar) 6. ___________ esa camisa? Me gusta mucho.

¿Cuándo (ustedes, dejar) 7. ___________ de trabajar en el bar?

(Yo, vivir) 8. ___________ allí tres años, después (venir)

9. ___________ aquí porque esta ciudad es más tranquila.

Carmen volvió a dedicarse a su faena[4]. Sacaba los cubiertos del lavavajillas[5] y los colocaba en el cajón[6]. Se le habían ido las ganas de charlar.

—¿Avisaste a los tipos de la discoteca para que vengan al bar? —preguntó Rosa al cabo de un rato.

4 faena: Arbeit 5 lavavajillas: Geschirrspüler 6 cajón: Schublade

—Sí, aunque al principio se negaban a venir hasta que dije que Pedro les esperaba. Vendrán a las siete de la tarde.

Tanto Carmen como Rosa prefirieron no seguir la conversación. Cada una empezó a hacer su trabajo. Carmen salía a la terraza para atender a los clientes; Rosa, detrás de la barra, se encargaba de preparar las bebidas que los clientes habían pedido.

Ejercicio 61

¿Adjetivo o adverbio? – Setzen Sie die richtige Form ein. Beispiel: La temperatura en Barcelona (normal) ***normalmente*** **no baja de 10 ºC.**

1. *En Cataluña las lenguas (oficial) ______________ son el castellano y el catalán.*
2. *Quieren vivir (tranquilo) ______________.*
3. *Las lluvias son (irregular) ______________ (oficial) ______________ se hablan el castellano y el valenciano.*
4. *La calidad de la fruta es (excelente) ______________.*
5. *Riegan la tierra (irregular) ______________.*
6. *La actividad industrial en el País Vasco es (notable) ______________.*
7. *Nieva (principal) ______________ en invierno.*

Una chica joven con cara preocupada entró en el bar.

—Hola.

—Hola —respondió Rosa.

—Busco al comisario Villalobos. Me dijo que solía pasar por el bar. ¿Sabes si vendrá hoy? —le preguntó a Rosa.

Rosa se quedó mirando sorprendida a la chica. Era joven y guapa, y le parecía haberla visto alguna vez. Por la ropa que llevaba y la presencia que tenía, debía de ser una empleada de Ernesto.

—Querrás decir que buscas al excomisario. ¿Me quieres decir cómo te llamas? —intentó averiguar Rosa.

—Me llamo Alba.

—Entonces, tú eres la hermana del muchacho que la policía ha detenido.

Rosa ya se imaginaba que debía de ser Alba.

—Sí, pero mi hermano es inocente.

—Lo sé —dijo Rosa—. Yo misma se lo dije esta mañana al comisario Pujol. Pero pienso que no me cree. Por eso sigue tu hermano arrestado.

—¿Por qué sabes que mi hermano es inocente y por qué no te cree el comisario Pujol?

Alba estaba sorprendida y confusa. Quería hablar con un excomisario y se había encontrado con la dueña de un bar implicada[7] en el asunto.

—Como no tengo pruebas, Pujol no cree que Pep sea inocente. Solamente pude describirle mis observaciones y mis reflexiones. Y como Pujol es un necio, las rechaza. Para él, solamente cuentan sus propias reflexiones. Eso lo hace peligroso. Sobre todo para tu hermano.

—Pero mi hermano es inocente. No puede seguir detenido.

Ejercicio 62

Konditional – Setzen Sie die Verben in die richtige Form.
Beispiel: Me (gustar) *gustaría* salir ahora.

1. *¿Me (usted, poder, indicar) __________ el camino hasta el museo?*
2. *¿Les (gustar) __________ salir a comer fuera?*
3. *(Ser) __________ interesante estudiar japonés.*

7 implicado: involviert, verwickelt

4. *¿Qué (tú, hacer) __________ con mucho dinero?*

5. *Yo (comprar) __________ un barco.*

6. *(Ustedes, deber) __________ estudiar este fin de semana.*

7. *Nos (encantar) __________ ir a bailar.*

8. *Yo en tu lugar no (salir) __________ sola por la noche.*

9. *¿Os (preocupar) __________ que vuestro hijo no acudiera a la escuela regularmente?*

10. *(Ser) __________ bueno ir a pescar. El día es perfecto.*

—¿Por qué estás tan convencida que tu hermano es inocente?

—Porque lo conozco. Es mi hermano.

—Eso no es una prueba válida[8].

—Lo sé. Pero hablé con él.

—¿Y qué te dijo…?

—Me contó donde estuvo cuando Linda fue asesinada. Estaba con otra gente.

—Entonces tiene una coartada. ¿Por qué no se lo cuenta a Pujol? ¿Qué ganas tiene Pep de quedarse detenido?

Alba movía enérgicamente la cabeza.

—No puede decirlo.

—Vaya amiguitos que tiene tu hermano. ¿Qué hicieron? ¿Pasar drogas, robar un coche, entrar en una casa, robarle el bolso a una vieja? ¿Tú crees que eso es peor que una acusación por asesinato?

—Si Pep lo cuenta, Pujol irá a ver a sus amigos. Ellos dirán que no estuvieron con Pep y que todo es mentira[9]. Y cuando lo suelten[10], sus amigos se vengarán.

8 una prueba válida: ein gültiger Beweis 9 mentira: Lüge 10 soltar: loslassen, *hier:* freilassen

—Perdona que te interrumpa, guapa. ¿Te parece eso peor que ir a prisión y tener que agacharse en la ducha para atrapar el jabón[11] de los otros presos?

Ejercicio 63

Setzen Sie die spanischen Wörter ein.

1. *Das ist von dir.* ______________ *es tuyo.*
2. *Was willst du eigentlich?* *¿Qué* ______________ *en realidad?*
3. *ein Vermögen verdienen* ______________ *una fortuna*
4. *unschuldig sein* *ser* ______________
5. *einen guten Rat geben* ______________ *un buen consejo*
6. *auf dem Laufenden sein* ______________ *al corriente*

Ejercicio 64

Ergänzen Sie die folgenden Sätze.

¡Prohibido asomar 1. ______________ *a la ventanilla!*

Ve 2. ______________ *a la tienda y trae 3.* ______________ *un kilo de naranjas; no 4.* ______________ *olvides.*

Mi padre 5. ______________ *ha comprado una bicicleta con motivo de 6.* ______________ *cumpleaños; cumplo 21.*

7. ______________ *he dicho que no gritéis tanto.*

Hemos visitado Tarragona, 8. ______________ *ha gustado mucho.*

11 jabón: Seife

La chica estaba desesperada. Se le saltaban las lágrimas[12].

—Me voy —dijo con voz ahogada[13].

Se dio media vuelta y salió apresuradamente del bar.

—Perdón, ¿es esto la comisaría de El Raval? Me han dicho que la han trasladado al bar Esperanza —entró bromeando el doctor Redondo.

—Le han informado mal —respondió Rosa sin interrumpir su labor—. Y que conste[14] que no es el único.

El médico se inclinó hacia Rosa por encima de la barra y le sonrió.

—Conozco a la chica que acaba de salir. ¿Por qué habrá estado aquí?

Silencio.

—El hermano ha sido detenido como presunto asesino.

El silencio continuaba.

—También me han dicho que la dueña de un bar estaba convencida de que el hermano era inocente. Dios sabrá por qué…

El doctor suspiró y mantuvo su cara burlona.

Nada.

Ejercicio 65

Setzen Sie die Sätze ins Aktiv.

Beispiel: La feria ha sido visitada por mucha gente. ***(voz pasiva)/***

Mucha gente ha visitado la feria. ***(voz activa)***

1. *La casa ha sido vendida.* ____________________

2. *La comida ha sido pagada entre todos.* ____________________

3. *El vino fue comprado por Pedro.* ____________________

12 saltar las lágrimas: in Tränen ausbrechen 13 ahogado: erstickt 14 constar: feststehen, sich ergeben, ersichtlich sein

4. *Las mercancías son transportadas por carretera.* ____________________

5. *Los camioneros fueron controlados por la policía.* ____________________

6. *Las cartas fueron escritas por la secretaria.* ____________________

7. *La cena fue preparada por Carmen y María* ____________________

Por fin se cansó. Preguntó en voz alta y seria:

—¿Qué tengo que hacer para que hables conmigo, Rosa?

—Podría pedir algo.

—¿Y si pido algo me lo pondrás? ¿Sea lo que sea?

—Ya veremos.

—Bueno, pues un carajillo. ¿He oído un suspiro?

—Justo.

Ejercicio 66

Finden Sie Adjektive mit ähnlicher Bedeutung

bobo, obvio, amplio, obeso, ineficaz, delicado, demente, auténtico

ancho: ____________________

evidente: ____________________

gordo: ____________________

loco: ____________________

verdadero: ____________________

frágil: ____________________

inútil: ____________________

tonto: ____________________

Salieron a la terraza. Nada más sentarse, el médico reanudó la conversación que Rosa le había negado en el bar.

—Rosa, no me tomes a mal lo que te voy a decir. Todos sabemos que eres una persona muy inteligente y aguda y que no sueles hablar porque sí. Por lo tanto, me imagino que en este asunto tan serio tampoco cuentas disparates, sino que tienes tus razones. Piensas que el muchacho es inocente y lo vas contando por ahí. ¿Entiendes a lo que me refiero?

—No, no entiendo lo que quiere y tampoco lo voy contando por ahí.

—Rosa, ¡dime lo que sabes! ¿Por qué estás tan segura de que el muchacho es inocente?

—-Este no es el lugar apropiado para hablar sobre el estado de las investigaciones en un caso de homicidio. Esto es un bar. He intentado explicarle al comisario Pujol mis conclusiones, pero las ha ignorado. No le interesan.

—Precisamente por eso he venido, Rosa. Pujol me ha contado que tú estás convencida de que Pep es inocente. No obstante, se niega a contarme los motivos por los que tú estás convencida. Los rechaza[15]. Pujol es un terco y no se va a dejar dar lecciones por la dueña de un bar. Si esa dueña le dice que un sospechoso es inocente, desde luego que sigue detenido. Esa es la razón por la que estoy aquí. No podemos permitir que un inocente esté en la cárcel[16] porque un comisario cabezón[17] ignore indicios.

—Yo opino igual, pero no tengo pruebas para demostrar la inocencia de Pep —replicó Rosa.

15 rechazar: ablehnen, zurückweisen 16 cárcel: Gefängnis 17 cabezón: Dickkopf, Sturkopf

—Pujol me aprecia por mi experiencia profesional. No puede rechazar los argumentos de un médico forense. Tú me cuentas tus conclusiones, y yo hablo con Pujol y hago como que[18] son mías. Entonces no le quedará mas remedio[19] que evaluarlas.

Ejercicio 67

Ordnen Sie die deutschen Wörter zu.

dar las gracias	*das Opfer*
proseguir	*das Gefängnis*
la víctima	*danken*
el traslado	*der Gefangene*
la cárcel	*fortsetzen*
el preso	*die Überführung*
el asesino	*der Mörder*
la coartada	*der Beweis*
la prueba	*das Alibi*

—Más que conclusiones, le hice observaciones. ¿Tal vez usted también las hizo?

—Tanto mejor —contestó el médico.

—Aquella madrugada en la que encontramos a Linda, Pujol hizo venir una grúa para que se llevara el coche rojo. Mandó a un agente con mono blanco que se subiera al coche para poner una velocidad y el freno de mano. ¿Se acuerda?

—Por supuesto.

18 hacer como que: so tun als ob 19 remedio: Mittel, *hier:* Ausweg

—¿Y usted observó qué sucedió entonces?

—El agente se subió al coche e hizo lo que le mandaron.

—Suspendido, doctor, tiene que repetir curso[20]. No se dio cuenta de lo más importante. El agente tiró el asiento hacia delante, y nadie se percató[21]. El conductor del coche tuvo que ser una persona muy alta. Pep no es alto. Pep no fue el conductor de ese coche.

El doctor se quedó mirando a Rosa un poco decepcionado:

—¿Eso es todo? Me parece poco para probar la inocencia de Pep. Pudo tirar el asiento para atrás porque algo se le cayó al suelo o intencionadamente para dejar pistas falsas.

—Sé también que Pep estuvo con una gente cometiendo algo ilegal cuando Linda fue asesinada. El problema es que no se atreve[22] a decírselo a Pujol. Tiene que tener un miedo tremendo de esa gente si se arriesga a ir a la cárcel por asesinato.

—¡Ajá! ¿Eso es lo que te acaba de contar la hermana de Pep?

—Exacto. Antes o después, Pep lo alegará[23] para librarse[24] de la cárcel.

—Entonces ¿solo estabas convencida de la inocencia de Pep por lo del asiento del coche?

—No solo por eso.

El doctor Redondo intentó resumir:

—El asesino tiene que ser una persona alta y además…

—Además tiene que ser un hombre fuerte. Una mujer no hubiera conseguido colocar el cadáver en el contenedor. A Pep le hubiera costado[25]. Linda llevaba zapatillas, lo cual supone que fue asesinada en casa de alguien. Ese alguien no pudo ser Pep porque el chico no tiene casa; vive con sus padres.

20 repetir curso: den Kurs, das Schuljahr wiederholen 21 percatarse: wahrnehmen, bemerken 22 atreverse: sich trauen, wagen 23 alegar: vorbringen, geltend machen 24 librarse: sich vor etwas bewahren 25 costar: kosten, *hier:* schwerfallen

Ejercicio 68

Setzen Sie das entsprechende Substantiv ein.

resumir ____________________

alta ____________________

fuerte ____________________

colocar ____________________

costado ____________________

El forense estaba impresionado.

—Muy interesante, Rosa. ¿Tienes alguna sospecha de quién puede ser el asesino?

En ese instante doblaban por la esquina dos vigilantes de la discoteca. Era todavía muy temprano. Habían quedado a las siete de la tarde, y eran poco menos de las cinco. Los dos entraron al bar.

—¿Me disculpa un momento, doctor Redondo? Quiero despachar[26] a esos dos chicos. Le diré a Carmen que le traiga otro carajillo.

Ejercicio 69

Perfecto: Setzen Sie die passenden Perfekt-Formen ein:

1. *¿(ver, tú) a María?*
   No, lo siento. No la (ver, yo) desde hace una semana.

   ____

   ____

26 despachar: bedienen

2. *¿(ir, ustedes) a Madrid alguna vez?*
   Sí, (ir, nosotros) muchas veces.

   ____

   ____

3. *Niña, ¿cuándo (volver, tú)?*
   Ay, papá, no sé cuándo (volver, yo).

   ____

   ____

4. *Pero, Pep, ¿todavía no (hacer, tú) la tarea?*
   Disculpe señor, pero no (tener, yo) tiempo.

   ____

   ____

5. *Este verano (ir, nosotros) a Santa Pola.*
   ¿De verdad? ¿Y cuándo (volver, vosotros)?

   ____

   ____

Capítulo 8

Rosa entró en el bar. Se sentía nerviosa. No estaba preparada para la entrevista. «Hola chicos, ¿sabéis si vuestro jefe asesinó a Linda el sábado por la noche?». ¿Debía esperar a que viniese Pedro? Quién sabe cuándo aparecería. La cita era para las siete.

Ejercicio 70

Setzen Sie das richtige Possesivpronomen ein.

la suya *las nuestras* *la mía* *el tuyo* *el suyo*

1. *Mi hermana trabaja en su habitación y yo trabajo en* ______________
2. *En casa, mi madre tiene su sillón, yo tengo el mío y mi padre tiene* ______________
3. *Y tú, ¿también tienes* ______________*?*
4. *Mi esposa y yo tenemos cada uno nuestra propia computadora, así como nuestros hijos tienen* ______________*, que además está conectada con Internet.*
5. *Vosotros tenéis vuestras obligaciones, y mi hermana y yo tenemos* ______________*.*

—Hola, soy Rosa.

—Hola, yo soy Jordi y este es David —dijo el mayor de los dos y señaló a su compañero, que saludó a Rosa moviendo la cabeza.

—¿Queréis tomar algo?

Los dos pidieron un carajillo. Rosa fue detrás de la barra y los preparó.

—¿No está el comisario Villalobos?

—No, os habéis adelantado mucho. Habíamos quedado para las siete. Si queréis podéis esperar.

—¿Qué quería el comisario?

—Quería algunas informaciones sobre la discoteca. Por ejemplo, ¿a que hora abrís, a que hora cerráis, cuándo viene más gente?

—¿Tienen que ver las preguntas con la muerte de Linda?

—Así es.

Rosa pensó que acababa de meter la pata[1], y que los gorilas ya no iban a contar nada.

—Es una lástima lo que ha pasado con Linda. Era una chica agradable con buen humor. Se reía mucho. Y ahora… ¡Desgraciados![2] —dijo Jorge, el mayor.

El joven asentía con la cabeza, pero permanecía callado. Ninguno de los dos parecía muy inteligente. Rosa no dijo nada. Solamente puso cara seria. A ver por dónde salía el sol[3].

Ejercicio 71

Welches Wort gehört nicht dazu? Kreise es ein.

1. *verano – frío – otoño – invierno*
2. *lluvia – sol – nieve – niebla*
3. *primavera – jueves – viernes – martes*
4. *es – de – entre – por*
5. *oficina de turismo – excursión – región – ascensor*

1 meter la pata: etwas verderben 2 desgraciado: der Unglücksrabe, *hier:* Mistkerl 3 a ver por dónde sale el sol: mal sehen, wie es weiter geht

Jordi empezó a hablar sin más requerimiento[4]:

—La discoteca abre a las diez de la noche y se va llenando poco a poco. A medianoche está a tope[5]. Entre las doce y la una es cuando viene más gente. Afuera se forma una cola, pero a la una ya han entrado todos. Nosotros vamos dando vueltas dentro y en el exterior. Entre las cuatro y media y las cinco de la madrugada cerramos la discoteca.

Ejercicio 72

Übersetzen Sie.

1. *Me preocupo.* ______________________
2. *Me inquieto por…* ______________________
3. *Estoy nervioso/-a.* ______________________
4. *Tengo miedo.* ______________________
5. *Tengo un poco de miedo.* ______________________
6. *Estoy intranquilo.* ______________________

—¿Siempre es así? —quiso saber Rosa.

Los dos hombres se miraron.

—Bueno, en noches especiales hay más bullicio[6], y cerramos más tarde.

—¿Qué son noches especiales?

—Pues cuando el tema de la noche es, por ejemplo, música de los ochenta o música latina, o cuando viene algún músico o algún famosillo. El sábado pasado, cuando asesinaron a Linda, vino un participante de Gran Hermano. Menudo jaleo[7]…

—Porque vino más gente de lo normal —quiso cerciorarse[8] Rosa.

4 requerimiento: Aufforderung 5 estar a tope: brechend voll sein 6 bullicio: Lärm, Unruhe 7 menudo jaleo: was für ein Trubel 8 cerciorarse: sich vergewissern

—Exacto. El sábado vinieron muchas chiquillas para ver al famosillo. Y nosotros tuvimos que vigilar más de lo normal, para que no pasara nada. Esas noches estamos todo el equipo de vigilantes al completo.

—Menos Ernesto, que nos hubiera podido echar una mano esa noche —añadió el joven.

Rosa reprimió una sonrisa. Qué tonto que era el joven.

—Desde luego —continuó el mayor de los dos—. Vino tarde y se puso como una fiera[9] cuando le dijimos que le habíamos echado en falta. Pero como él es el jefe, a callar y a poner buena cara[10].

Rosa había oído suficiente. No había esperado unas novedades probablemente tan útiles. Estaba tan perpleja que no hizo más preguntas. Hubo una corta pausa.

—¿Quería saber algo más el comisario Villalobos? —preguntó el mayor.

—Pues no lo sé —contestó Rosa.

—Entonces nos vamos. Si el comisario tiene más preguntas, que nos lo haga saber[11]. Aquí tienes una tarjeta con nuestro teléfono.

Rosa cogió la tarjeta y la metió en una cajetilla detrás de la barra. Le temblaban un poco las manos. Los dos terminaron sus carajillos y se marcharon.

Ejercicio 73

Wochentage, Monate und Jahreszeiten.

1. **Sortieren Sie die Wochentage (mit Montag beginnend).**

viernes – lunes – miércoles – domingo – sábado – jueves – martes

9 ponerse como una fiera: fuchsteufelswild werden 10 a callar y poner buena cara: gute Miene zu bösem Spiel 11 hacer saber: wissen lassen

2. **Sortieren Sie die Monate (mit Januar beginnend).**

abril – junio – octubre – marzo – enero – febrero – diciembre – septiembre – noviembre – mayo – julio – agosto

3. **Ordnen Sie die Monate den Jahreszeiten zu.**

otoño – primavera – invierno – verano

a) marzo, abril, mayo: es ______________

b) junio, julio, agosto: es ______________

c) septiembre, octubre, noviembre: es ______________

d) diciembre, enero, febrero: es ______________

La joven salió a la terraza y se unió al doctor Redondo, que todavía la esperaba. Nada más sentarse él dijo:

—Voy a ver a Pujol y le contaré nuestra conversación. No sé si lo convenceré. Ya veremos. Tus argumentos no son completamente contundentes.

—Yo sí estoy convencida,al cien por cien[12].

El doctor Redondo se levantó, dobló cuidadosamente su americana de lino[13] y se la colocó sobre el antebrazo[14].

—Cuando vuelva de la entrevista, te diré si nos cree o no.

—Espérese, doctor Redondo. Tengo otra información más.

—¿Otra?

—Sí… —Rosa le contó al forense las últimas novedades de la discoteca y que Ernesto no tenía coartada para la medianoche del sábado. El médico quedó muy impresionado.

12 cien por cien: hundertprozentig 13 americana de lino: Leinensakko 14 antebrazo: Unterarm

Setzen Sie das Verb ins Subjuntivo.
Beispiel: Me alegro de que (ellos, mejorarse) ***se mejoren*****.**

No estoy seguro de que (valer) 1. ______________ la pena.

Puedes hacer lo que (querer) 2. ______________.

Tienes que hacer que tu hija (comer) 3. ______________ más fruta.

¿Has visto a Pujol después de la operación? Parece que (tener) 4. ______________ 15 años menos.

Como (venir) 5. ______________ Carmen, vamos a tener que comprar mucha más comida.

Me sorprende que ellos no (caber) 6. ______________.

Aunque él (estar) 7. ______________ aquí, no lo veo.

¿No te gusta? Pues, lo haré según (tú) me (decir) 8. ______________.

—Voy a resumir. Primero: Pep no pudo ser el asesino porque no es alto. Segundo: No pudo serlo porque estaba con otra gente. Tercero: El asesino era alto, fuerte y tenía que conocer a Linda. Cuarto: Pasaron aproximadamente cuatro horas entre que el asesino mató a la víctima y se deshizo del cadáver. Es decir, que durante ese tiempo, el asesino estuvo ocupado con otra cosa. Rosa, parece que hemos encontrado al culpable.

Rosa movió la cabeza:

—No lo sé. No conocemos el motivo ni tenemos ninguna prueba fiable[15].

—Me voy, Rosa.

15 una prueba fiable: ein zuverlässiger Beweis

Rosa volvió a la barra para continuar con su faena. Menuda cara iban a poner Pedro y la marquesa cuando les contara lo que había descubierto durante su ausencia.

Ejercicio 75

Übersetzen Sie.

die achte Lektion ________________________

das dritte Kapitel ________________________

das erste Kapitel ________________________

Karl II. ________________________

Napoleon I. ________________________

Alfons XII. ________________________

Capítulo 9

—¡Riiing! ¡Riiing! ¡Riiing!

—¿Diga?

—¿Rosa?

—Sí. ¿Con quién hablo?

—Con el comisario Pujol. Tengo que hablar contigo.

—¿Y bien?

—No, por teléfono no. Te necesito aquí en comisaría.

—No me fastidie[1], comisario. Ya le dije una vez que tengo trabajo. Ni puedo ni quiero acercarme a comisaría. ¡Déjeme en paz!

—Te espero en media hora, hijita —contestó Pujol de forma rotunda y colgó.

Eran las diez de la mañana, y el humor de Rosa ya estaba por los suelos. Avisó a Carmen para que se hiciese cargo del bar. No sabía qué querría Pujol esta vez.

Ejercicio 76

Orden Sie die umgangssprachlichen Begriffen ihren Bedeutungen zu.

1. *unas copas*	a. *bebida, mezcla de vino y Coca-Cola*
2. *currar*	b. *cantidad de dinero fija que dan los padres a los hijos*
3. *la paga*	c. *bebidas alcohólicas*

1 fastidiar: plagen, belästigen, ärgern

4. *entonarse*	d. *buen ambiente*
5. *los colegas*	e. *efecto de una borrachera*
6. *el calimocho*	f. *emborracharse*
7. *quedarse pelado*	g. *beber un poco*
8. *el mogollón*	h. *gustar*
9. *disco*	i. *la discoteca*
10. *garito*	j. *la gente*
11. *molar*	k. *los amigos*
12. *resacón*	l. *provocar disturbios*
13. *buen rollo*	m. *quedarse sin dinero*
14. *basca*	n. *trabajar*
15. *estar hasta arriba*	o. *un bar de copas*
16. *armar bronca*	p. *mucha gente*

—Hola, hijita, siéntate.

Pujol parecía estar de buen humor. Le ofreció una silla. Luego se fue hacia la ventana y se apoyo en la repisa. El forense también se hallaba en la oficina.

—Hola, Rosa —la saludó. Tenía en la mesa, delante de sí, una carpeta abierta con los informes de los exámenes forenses, que hasta entonces se habían acumulado. Llenaban casi la carpeta.

—Te he pedido que vengas porque hay novedades —comenzó Pujol.

«De pedir nada —pensó Rosa—. Ordena como si todos fuésemos sus subordinados[2]».

—Has sido de gran ayuda en nuestras investigaciones. La gente se fía de ti y del comisario Villalobos. Así os enteráis de cosas que a un agente policial nadie le contaría. Gracias a ti hemos detenido a Ernesto, el dueño de la discoteca.

—Eso sí que es una novedad —se le escapó a Rosa—. ¿Tiene pruebas suficientes para acusarlo de asesinato?

—Todavía no, pero no dudo de que tenemos al culpable.

—¿Qué pasa con Pep? —quiso saber Rosa.

—Lo he dejado libre. ¿O acaso crees en serio que considerábamos a Pep sospechoso? Conozco bien mi oficio. Me atengo a las pruebas. No tomo decisiones precipitadas[3]. No me gusta prejuzgar[4] —se alabó[5] Pujol.

«Vaya, vaya, vaya», pensó Rosa.

Ejercicio 77

Setzen Sie die richtige Form des Subjuntivo oder Indicativo ein.
Beispiel: Me alegro (ellos, mejorarse) ***se mejoren.***

1. *Es obvio que los profesores (estar) ______________ contentos.*
2. *Pienso que tú no (tener) ______________ razón.*
3. *Ojalá que mañana (nosotros, tener) ______________ poco trabajo.*
4. *Me alegro de que ustedes (ser) ______________ felices.*
5. *¿Puedes decirle al forense que me (llamar) ______________?*

2 subordinado: Untergebene 3 decisión precipitada: voreiliger Entschluss 4 prejuzgar: vorverurteilen
5 alabarse: sich rühmen

6. *No dudo que tú te (divertir) ____________ mucho.*

7. *Siempre vamos de compras después que ellos nos (pagar) ____________.*

8. *Partiremos tan pronto como vosotros (llegar) ____________.*

9. *Se ve claramente que ellos no se (sentir) ____________ bien.*

El doctor Redondo miró a Rosa arqueando las cejas. Rosa entendió su gesto sin necesidad de palabras. Pujol no se apercibió del gesto.

—Hay más novedades... —dijo el doctor Redondo, tomando la palabra—. ¿Me permite que las cuente, comisario?

—Adelante, doctor —asintió Pujol con cara sonriente.

—Linda estaba embarazada[6], en la novena semana. No sabemos todavía quién es el padre, pero no creo que tardemos en encontrarle.

—Está claro quién es el padre. Lo tenemos aquí en el calabozo[7] —se entrometió Pujol—. Ernesto no quiso ser padre, la muchacha se negó a abortar, y él la asesinó. No le demos más vueltas[8].

«Decisiones precipitadas. Sí, sí...», pensó Rosa.

—Cuando tengamos los resultados del test sabremos si Ernesto tiene el mismo ADN[9] que el embrión —continuó el forense—. A Pep ya le hicimos el test, y salió negativo. Él desde luego que no es el padre.

—¡Os digo que no le deis más vueltas! —repitió Pujol.

—Rosa, haz el favor y repite todo lo que te contaron ayer los empleados de la discoteca Imperial. Necesito tu declaración por escrito. Conozco a esos tipos. Mañana no se acuerdan de nada o lo niegan todo— le pidió Pujol.

6 estar embarazada: schwanger sein 7 calabozo: Kerker, Verlies 8 no darle más vueltas: nicht drum herumreden 9 ADN: DNA

Ejercicio 78

Welches Objetivo im Dativ passt hier?
Beispiel: Yo compro la maleta para ti. Yo *te* compro la maleta

Nosotros traemos los caramelos (para ustedes). Nosotros ______________ traemos los caramelos.

Rosa compra leche (para mí). Ana ______________ compra leche.

Ellos leen una carta (para ella). Ellos ______________ leen una carta.

Yo traigo los libros (para usted). Yo ______________ traigo los libros.

Pedro compra los juegos (para nosotros). Pedro ______________ compra los juegos.

El profesor da unas entradas (a sus estudiantes). El profesor ______________ da unas entradas.

Las policías ponen las esposas (a las asesinas). Las policías ______________ ponen las esposas.

Mi madre envía dulces (a mí). Mi madre ______________ envía dulces.

Rosa iba contando, y Pujol escribiendo. Tardaron un buen rato. Pujol no era precisamente un escribano. Cuando terminó, le pasó la declaración escrita a Rosa.

—Léela y fírmala si estás de acuerdo.

«¿De acuerdo? Esto no hay quien lo entienda», pensó Rosa. Leyó la declaración una y otra vez... Si pregunto algo, no salgo de aquí; me rindo[10]». Rosa firmó.

10 rendirse: aufgeben, kapitulieren

—Si que eres lenta leyendo— constató Pujol con aire arrogante—. Posiblemente te vuelva a necesitar, hijita. Estate localizable.

«Frase favorita del inspector Colombo», pensó Rosa.

—¡Dame tu número del móvil!

—No.

—¿Cómo que no?

—No tengo móvil. Si no estoy en casa, estoy en el bar. Y si no estoy ni en casa ni en al bar, ya apareceré por el bar a lo largo del día. Por lo tanto, deje un recado[11] allí, y ya me enteraré.

Ejercicio 79

Vervollständigen Sie die Sätze mit den angegebenen Mengenwörtern.

más – mejor – menos – peor – tan – tanto

1. *El Amazonas es _____________ grande que el Rin.*
2. *Mi hermano pequeño es _____________ que yo.*
3. *Un coche no es _____________ rápido como un tren.*
4. *La segunda película no me gusta. Es _____________ que la primera.*
5. *Me gusta más la pizza con verduras que la pizza con jamón. La pizza con verduras es _____________ que la pizza con jamón.*
6. *No tengo _____________ dinero como el banco.*

Cuando Rosa llegó al bar, todos la estaban esperando. Carmen les había contado que Rosa había sido citada en comisaría. Como siempre estaban ansiosos de oír qué es lo que Pujol había querido de ella.

11 dejar un recado: eine Nachricht hinterlassen

—Buenos días, amigos. Bienvenidos al centro de cotilleo de El Raval. Me alegro de veros reunidos. Carmen, ponme una cervecita bien fresca, hazme el favor.

Todos se quedaron asombrados. ¿Qué le pasaba a Rosa? Así no la conocían.

—¿Has fumado algo? —preguntó la marquesa.

—No, no es necesario. Simplemente tengo buenas noticias. Pep ya no es sospechoso y salió de comisaría. Pujol, aunque dice de sí mismo que no es hombre de decisiones precipitadas, ha detenido esta mañana a Ernesto. Pero, si hay suerte, será el verdadero culpable. Aún faltan pruebas definitivas, pero están en ello[12]. Linda estaba embarazada. Pep no era el padre. Eso ya lo comprobaron con el ADN. Ahora están esperando los resultados del test que le hicieron a Ernesto. Por fin podremos volver a nuestra vida cotidiana.

Pedro puso una cara pensativa y advirtió:

—No cantes victoria antes de tiempo.

—Qué positivo eres, Pedro —se quejó Rosa.

—Yo lo veo igual que Pedro. Que nadie hable bien del día hasta que la noche llegue —dijo Carmen.

Por si fuera poco, la marquesa añadió:

—Antes de que acabes, no te alabes.

—Ya vale. ¡Parad! Ya os he entendido, ya sé lo que queréis decir. ¡Veremos!

12 estar en ello: dran sein

Ejercicio 80

Setzen Sie die Verben in die Gegenwart (Präsens).

Cuando Rosa llegó al bar ya todos la estaban esperando. Carmen les había contado que Rosa fue citada a comisaría.

____

Como siempre estaban ansiosos de oír qué es lo que Pujol había querido de Rosa. «Buenos días, amigos. Bienvenidos al centro de cotilleo de El Raval. Me alegro de veros reunidos. Carmen, ponme una cervecita bien fresca, hazme el favor».

____

Todos se quedaron asombrados. ¿Qué le pasaba a Rosa?

____

Capítulo 10

Venían de vuelta del mercado. Como siempre se habían arreglado y puesto un poco de aquel perfume que tanto mareaba. Rosa estaba convencida de que todas las mujeres mayores usaban el mismo perfume, un perfume que le recordaba a su propia abuela. Posiblemente se ponían todas de acuerdo y, a partir de cierta edad, no había más perfume en el mundo que ese. Todas las mujeres mayores olían igual. Rosa no sabía cuál era o cómo se llamaba, pero tenía que haber una tienda secreta donde lo vendían a las mujeres entradas en años[1]. Jamás había tenido la sensación de que una mujer de menos edad llevase ese perfume.

Ejercicio 81

Finden Sie im nachstehenden Textabschnitt die Übersetzungen (Singular oder Plural) folgender Vokabeln.

die Mehrheit ______________________

die Witwe ______________________

die Tasche ______________________

der Einkauf ______________________

der Markt ______________________

La mayoría de esas señoras eran viudas[2]. Las que todavía no lo eran iban al mercado acompañadas por sus maridos. Estaba claro que después de comprar, ellos cargarían con las bolsas. Sin embargo, durante la compra preferían esperar en el bar y discutir sobre fútbol o sobre

1 entrado en años: in die Jahre gekommen 2 viuda: Witwe

política. A veces, después de hacer la compra, las viudas también se tomaban un refresco en el bar del mercado o se iban al de Rosa para charlar sobre sus familias y sus males[3]. El bar del mercado era ideal en los días que disponían de poco tiempo.

En esa ocasión, sin embargo, habían preferido tomarse el refresco en el bar de Rosa. Ella no se sorprendió de que esta semana aparecieran por segunda vez. Al fin y al cabo, hacía días que tenían un tema que, como mínimo, era tan interesante como sus achaques[4]. Intentaban pillar alguna que otra novedad. Doña María la marquesa resultaba ser una fuente de información infinita. Por tanto, las noticias verídicas y las inventadas no tardaban en ser divulgadas[5] por todo el barrio. Solo que esta mañana la marquesa no estaba en el bar.

Los carros de la compra[6] ocupaban media terraza y dificultaban el paso a Rosa. Esto no le importaba. Le gustaba cuando venían las señoras. A pesar de su edad, participaban como podían en la vida del barrio y la enriquecían con sus anécdotas de tiempos pasados. Las señoras eran clientas bienvenidas. No creaban problemas, y sus tertulias creaban un ambiente relajado.

Solo que hoy había alguien que incordiaba[7]: un hombre que llamaba la atención por la ropa que llevaba se había sentado al lado de la puerta del bar. El traje gris hecho a medida y el pelo peinado hacia atrás le quedaban perfectos. Pero qué hacía un tipo así en El Raval. No era del barrio; tampoco, un cliente de la discoteca. Ni era hora ni tenía su aspecto. Los clientes de la discoteca venían a ligar[8], estaban bronceados[9] y lucían[10] relojes y pulseras de oro. El hombre no necesitaba ostentar[11] su riqueza. Se veía que tenía clase, y su presencia era soberbia. Sin embargo, no tenía la mirada de una persona amable y cordial[12]. Trasmitía algo negativo.

3 mal: Leiden, Übel 4 achaque: Beschwerde, Zipperlein 5 divulgar: verbreiten, veröffentlichen 6 carro de la compra: Einkaufswagen 7 incordiar: stören, unangenehm sein 8 ligar: flirten 9 bronceado: braungebrannt 10 lucir: glänzen, zur Schau stellen 11 ostentar: herzeigen, prahlen 12 cordial: herzlich, innig

Ejercicio 82

Ordnen Sie die spanischen Wörter den entsprechenden deutschen Wörtern zu

las mujeres mayores   los viejos   la viuda   la soltera   los jóvenes
la nena   la abuela   la madre   el padre   los niños

das Mädchen ______________________________

die älteren Frauen ______________________________

die Alten ______________________________

die Witwe ______________________________

die Alleinstehende ______________________________

die Jugendlichen ______________________________

die Großmutter ______________________________

die Mutter ______________________________

der Vater ______________________________

die Kinder ______________________________

Rosa se acercó a su mesa.

—Hola, ¿qué le pongo?

Él hizo un gesto leve con la cabeza para saludar. No sonrió.

—Agua con gas, San Pellegrino.

—Lo siento, se nos ha acabado justo esta mañana —le respondió Rosa con tono irónico.

«¿Dónde se pensaba este tío que estaba? Como si la mitad de sus clientes siempre pidiesen agua de Italia; nacional y punto».

—Pues agua con gas —se conformó[13] el señor sin cambiar su expresión.

A Rosa le caía antipático. Cuanto antes se librase[14] de él, mejor.

Ejercicio 83

Setzen Sie die Verben im Indefinido ein.
Beispiel: Yo (hablar) *hablé* con Ramón.

1. *Estaba leyendo un libro cuando alguien (tocar) ______________ el timbre.*
2. *La semana pasada (tú, visitar) ______________ a Juan.*
3. *Carmen me (escribir) ______________ el lunes pasado.*
4. *Ayer (yo, trabajar) ______________ hasta las cinco.*
5. *Mi madre (nacer) ______________ en 1944.*
6. *¿Dónde (tú, comprar) ______________ esa camisa? Me gusta mucho.*
7. *¡Cómo eres! El domingo (comprar) ______________ el periódico y todavía no lo has leído.*
8. *¿Cuándo (ustedes, dejar) ______________ trabajar en la fábrica?*
9. *(Yo, leer) ______________ ese libro hace tres años.*
10. *(Nosotros, venir) ______________ aquí porque esta ciudad es más tranquila.*

Vichy catalán: el agua con gas de toda la vida. A mucha gente no le gustaba por lo salada que era. Solamente se podía beber bien fría. Quien la bebía natural, a temperatura ambiente[15], tenía la sensación de tomar

13 conformarse: sich begnügen 14 librarse de alguien: sich jemandes entledigen 15 temperatura ambiente: Raumtemperatur

un trago[16] de agua del mar. Por eso Rosa siempre tenía el agua de Vichy bien refrigerada. Le trajo un vaso y una botella pequeña a temperatura ambiente. El cliente tomó un trago y no se inmutó[17]. Puso el vaso sobre la mesa, pero no bebió más.

Rosa sentía que el hombre la estaba observando. No era un cliente corriente. En la vida normalmente hay situaciones en las que algunos detalles pasan desapercibidos. Después de algún tiempo se recuerda una palabra, una mirada o un gesto, y uno se arrepiente de no haberse dado cuenta en aquel momento. Pero en esta ocasión Rosa estaba segura. El hombre estaba ahí por algún motivo. Ella no sabía por qué, pero se sentía incómoda. Poco a poco se iba vaciando el bar.

Llegaba la hora del mediodía, y las señoras mayores se iban marchando a casa para preparar la comida. Cuando ya solo quedaban unos pocos clientes en la terraza, el hombre se levantó de su mesa, entró en el bar y se acercó a Rosa. Ella tenía el periódico abierto encima de la barra. Hacía ver[18] que estaba leyendo. El hombre tomó un taburete, se sentó en él y preguntó superfluamente[19]:

—¿Me permite?

Rosa levantó la cabeza, le miró a los ojos y se asustó sin que él se percatase[20]. Tenía la mirada fría, por no decir helada.

—¿Quiere pagar o desea otra cosa? —contestó Rosa intentando disimular el susto[21].

—Estoy aquí por otra razón —dijo el hombre. No continuó. Se quedó observándola.

—Si está aquí por el homicidio de hace unos días, no puedo decirle nada. Vaya a comisaría y pregunte allí; o lea el periódico. En él también cuentan muchas cosas. Yo no sé nada.

16 trago: Schluck 17 inmutarse: gelassen, ohne mit der Wimper zu zucken 18 hacer ver: so tun als ob 19 superfluamente: überflüssig 20 percatarse: wahrnehmen, bemerken 21 susto: Schrecken

Rosa reconocía a distancia a la gente que venía para enterarse de algo referente al homicidio. Si eran clientes habituales, no había problema, pero si venía gente extraña, prefería hacerse la tonta[22]. Y a este hombre repelente[23] desde luego que no le iba a contar nada. El hombre se mostró indiferente ante el intento de Rosa de deshacerse de él.

Ejercicio 84

Ordnen Sie zu.

1. *ich weiß*	*salgo*
2. *du legst (etwas) hin*	*pongo*
3. *ich gehe aus*	*sé*
4. *sie spielen*	*oís*
5. *ihr hört*	*juegan*
6. *ich lege (etwas) hin*	*pones*
7. *sie spielt*	*doy*
8. *ich gebe*	*juega*

—¿Es un bar como este un lugar adecuado[24] para una chica tan linda como tú? —preguntó el hombre con una sonrisa fría y amenazadora[25].

—¿Por qué no va a ser un lugar adecuado? —respondió Rosa sintiendo como se tensaba[26] su cuerpo.

—De día probablemente sí, pero de noche…

Rosa intentaba mantener la calma. ¿Qué quería ese tipo? «A este tío lo conozco de algún sitio», pensó Rosa. Pero no le venía a la mente de dónde.

22 hacerse el tonto: sich dumm stellen 23 repelente: abstoßend 24 adecuado: passend, geeignet 25 amenazador: bedrohlich 26 tensar: spannen

—Tú sabes que en el Barrio Chino los chicos malos salen por la noche. Y que es muy fácil que pase algo. Como el otro día, ¿te acuerdas? ...la muerta del contenedor.

«¡Ajá! Por ahí sopla el viento».

—Por si no lo sabe, yo vivo aquí en el barrio —dijo Rosa sin dejarse intimidar. Miró con cierto aire de impaciencia su reloj de pulsera y preguntó:

—¿Qué quiere? ¡Vaya al grano[27]!

—Lo que le quiero decir es que este asunto puede arruinar a mi cliente por completo. Y si digo por completo, es por completo. Tanto en los negocios como en lo privado. Me imagino que no tengo que explicártelo. Nadie se fiaría más de el...

Ejercicio 85

Übersetzen Sie.

Beispiel: ***Mein*** **Auto und** ***mein*** **Haus./Mi coche y mi casa.**

1. ______________________ – *Vuestro jardín es bonito.*
2. *Ich fahre mit deinem Auto nach Cádiz.* – ______________________
3. ______________________ – *Su cena es deliciosa.*
4. ______________________ – *Tus amigos no son tan amables como sus amigos.*
5. *Es gibt eine Party in ihrer Bar.* – ______________________
6. ______________________ – *Pasamos el verano en su casa de vacaciones.*
7. *Meine Freundin arbeitet gerade.* – ______________________

27 ir al grano: auf den Punkt kommen

8. Deine Wohnung ist sehr schön. – ____________________

9. ____________________ *– Pilar todavía no conoce a vuestro amigo.*

10. Ich finde sein Buch nicht. – ____________________

«No me sorprende y me parece muy bien», pensó Rosa. Si Ernesto mandaba a este tipo al bar, significaba que sabía que Rosa era la responsable de su detención. Pero quién se lo había contado. ¿Se le había escapado a Pujol? Posible sí era. Pedro seguro que no había contado nada, al igual que el doctor Redondo. ¿Había sido tal vez la marquesa o los gorilas de la discoteca? ¿Se habrían dado cuenta de que había sido ella quien había indicado a la policía que Ernesto no tenía coartada? Total, daba igual. Rosa esperaba la visita de Ernesto. Se lo imaginaba apareciendo en el bar con las venas del cuello hinchadas[28] y los ojos saliéndose de las órbitas. Pero con este figurín[29] no había contado. Justamente en ese momento cayó en la cuenta de quién era ese personaje.

—Usted es el abogado[30] de Ernesto ¿verdad?

Él asintió con la cabeza.

—¿Y qué quiere de mí? ¿Me quiere intimidar?

El abogado se inclinó hacia delante[31] y la miró directamente a los ojos. Ella permaneció inmóvil.

—¿Tienes miedo? —preguntó con voz baja, amenazadora.

«¿Quería Ernesto realmente intimidarla?».

—Repito, ¿qué quiere de mí?

—Un cordial saludo de Ernesto. ¡Deja de husmear[32] por ahí! Nada más.

28 hinchado: geschwollen 29 figurín: Männchen 30 abogado: Anwalt 31 inclinarse hacia delante: sich nach vorn beugen 32 husmear: schnüffeln

Hizo un corta pausa:

—Cuidado muchacha, Ernesto está furioso. Sabe muy bien a quién le debe su detención.

—Yo no tengo la culpa. Es sospechoso porque no tiene coartada para la noche del sábado.

—Sí, pero tú se lo contaste al comisario.

—Fue mi deber como ciudadana. Quiero que encuentren al asesino de la víctima, que por cierto yo conocía. Si Ernesto no es el asesino, no tiene nada que temer y saldrá libre.

Rosa notó que se estaba poniendo furiosa y se olvidó del miedo. Salió de detrás de la barra y se colocó al lado de la puerta:

—Es mejor que se vaya, señor —dijo en tono categórico[33].

Ejercicio 86

Körpersprache: Ordnen Sie die folgenden Gesten zu.

1. *(mit den Augen) zwinkern*	a. *sin pestañear*
2. *mit den Schultern zucken*	b. *levantar el dedo índice*
3. *mit dem Kopf nicken*	c. *arquear las cejas*
4. *den Kopf schütteln*	d. *encogerse de hombros*
5. *den Zeigefinger heben*	e. *un tic nervioso*
6. *die Augenbrauen heben*	f. *guiñar el ojo*
7. *ein nervöses Zucken*	g. *sin inmutarse*
8. *ohne mit der Wimper zu zucken*	h. *saludar/ asentir con la cabeza*
9. *ohne eine Regung*	i. *mover la cabeza*

33 en tono categórico: entschlossen

Ejercicio 87

Wollen, können, müssen ... setzen Sie das passende Verb ein.

querer – poder – necesitar – esperar

1. *Mis padres ______________ comprar un coche nuevo.*
2. *Mi profesora no ______________ volver a su país.*
3. *Esta tarde yo ______________ ir a recogerte en coche.*
4. *Toda la clase ______________ aprobar los exámenes.*
5. *Yo no ______________ tener esas responsabilidades.*
6. *En estos momentos nosotros no ______________ trabajar más tiempo.*
7. *Ahora la gente ______________ tener su propio espacio.*
8. *Daniel ______________ poner muchos cuadros en su casa nueva.*
9. *Julia ______________ terminar los cuadros.*
10. *Ellas ______________ escribir muchas cartas esta tarde.*

El abogado arqueó las cejas sorprendido y se levantó. Le dedicó una sonrisa llena de malicia[34]. Cuando pasó a su lado, se puso el dedo índice[35] sobre la boca y le susurró:

—¡Ándate con mucho cuidado, muchacha! —y desapareció.

El corazón de Rosa latía acelerado.

Rosa ya se había acostumbrado a que Pedro y la marquesa discutieran sin cesar[36] del asesinato. Pedro comentó el artículo del periódico con las palabras:

34 lleno de malicia: voller Bosheit 35 dedo índice: Zeigefinger 36 sin cesar: ohne Unterlass

—No tienen ni idea. Escriben por escribir[37].

La marquesa no le contradijo.

—¿Acaso tú sabes más? —le provocó Rosa.

Pedro negó con la cabeza.

—Solamente lo que ya sabía. Y cuando tú me cuentas algo, Rosa, yo hago mis deducciones.

—Pero hay muchos indicios que sugieren[38] que fue Ernesto —insistió Rosa—. Es alto, nadie sabe dónde estuvo aquella noche y además es violento.

—¿Pero qué motivos tuvo para asesinarla? —Pedro no se daba por satisfecho.

—La mató porque la dejo preñada[39] y no quería hijos. Linda se negó a abortar y eso le costó la vida —continuó Rosa con su argumentación.

—Por favor, Rosa, no estamos en la Edad Media —objetó Pedro.

—Sí, pero Ernesto es un machista y un violento —se entrometió la marquesa.

—A mí me parece justificado —continuó Rosa—. Tal vez no lo hiciera a sangre fría, pero ¿cuántas veces has tenido a hombres en comisaría que habían asesinado a su novia por que los habían abandonado?

Pedro no se dejaba convencer:

—El que haya dejado embarazada a Linda no significa forzosamente[40] que la haya asesinado. No me cabe duda de que Ernesto es un criminal. La discoteca y el servicio de compañía son los dos negocios legales que nosotros conocemos. Vete a saber cuántos otros negocios ilegales tiene por ahí. ¿Que es capaz de cometer un asesinato? No me sorprendería. Sin embargo, no sabemos siquiera[41] si fue el novio de Linda. Ernesto era el patrón de Linda y posiblemente tuvo relaciones sexuales con ella. Posiblemente es el padre de la criatura[42]. Sin embargo, pienso que eso no es motivo suficiente para un asesinato. Y no os olvidéis: ¿Qué pasa si el test sale negativo, y Ernesto no es el padre de la criatura?

37 escribir por escribir: schreiben, um des Schreibens willen 38 sugerir: nahelegen, suggerieren 39 dejar preñada: (ordinär) schwängern 40 forzosamente: zwingend 41 siquiera: nicht einmal 42 criatura: Kind, Geschöpf

—Absolutamente correcto, Pedro. ¿Qué pasa si Ernesto no es el padre de la criatura? —repitió el doctor Redondo, que en ese momento entraba en el bar arrastrando un halo[43] de aire caliente tras de sí. Se dirigió a la barra.

Ejercicio 88

Setzen Sie die richtige Form ein.

cuyos – que – cuales – quien

Además de los autores 1. ___________ nombres hemos citado y de los 2. ___________ tratamos más adelante, hay otros muchos 3. ___________ han escrito sobre Alemania. Mi primo, 4. ___________ está en Suecia, me escribió una carta en la 5. ___________ me anuncia su próxima llegada, en 6. ___________ mes vendrá. Actualmente tengo mucho trabajo, por lo 7. ___________ no puedo planear las vacaciones.

«¡Ta-tá! Aparece el médico forense en el escenario, y todo el público se gira hacía él. Tiene una presencia y un atractivo impresionantes», pensó Rosa.

—Un cordial saludo al instituto forense —le recibió la marquesa encantada—. Cuánto brillo en nuestra cabaña[44]. Que callen los ignorantes. Aquí viene el fin de todas nuestras incertidumbres[45].

—Yo también les saludo, compañeros de armas. Parece que llegué en un momento oportuno. Pero antes de nada quisiera un cortado, por favor.

Rosa se puso inmediatamente a preparárselo. El ruido de la maquina del café dominaba en el bar. Todos estaban ansiosos de que cesara para

43 halo: Schweif 44 cabaña: Hütte 45 incertidumbre: Ungewissheit, Unsicherheit

oír las novedades que traía el médico. En un abrir y cerrar de ojos, Rosa le sirvió el cortado. Él asió la taza y sopló con la concentración debida para enfriarlo un poco. Tenía todas las miradas puestas en él. Lo sabía. Gozaba[46] alargando ese momento, esa tensión que se sentía en el aire.

Ejercicio 89

Setzen Sie das Akkusativpronomen ein.

lo – la – los –las

1. *¿Has visto a Juan?*
   Si, ______________ he visto esta mañana.

2. *¿Has escrito las cartas?*
   Si, ______________ escribí ayer.

3. *¿Habéis comprado los pasteles?*
   Sí, ______________ hemos comprado.

4. *¿Has terminado el cuadro?*
   Sí, ______________ terminé esta mañana.

5. *¿Has comprado el pan?*
   Si, ______________ he comprado hace un rato.

—Bueno, doctor. ¿Qué novedades nos trae? —Pedro rompió el silencio con su voz áspera[47].

El doctor tomó un sorbo de su cortado y se subió al taburete girándose hacia la mesa donde estaba Pedro y la marquesa.

—Se lo cuento porque mañana por la mañana se enterarán de todas formas. Vino un periodista al instituto haciendo preguntas, y al tonto de mi asistente se le escapó el resultado del test.

46 gozar: genießen, auskosten 47 con voz áspera: mit rauer Stimme

Pausa. El doctor volvió a beber un poco de su cortado. Miraba a los presentes disfrutando de ver lo ansiosos que estaban.

—Como todo el mundo sabe, Linda estaba embarazada. Queríamos saber si Ernesto era el padre. Hicimos un test y comparamos los ADN.

Otra Pausa. Aumentaba la impaciencia de los presentes. «Celebra la situación de tener a todos en suspense», pensó Rosa.

Ejercicio 90

Verwenden Sie in den folgenden Sätzen das Gerundium.

Es este momento escribo un libro sobre bebidas.

Me dijo unas cuantas barbaridades y se marchó.

Si tomas el avión, llegarás antes.

En todo el día, no hace más que reír.

Poco a poco comprendo dónde radican los problemas.

El muchacho saltó con todas sus fuerzas y logró atravesar el río.

La marquesa no pudo contenerse más:

—Por favor, doctor, diga lo que sabe, que me va dar algo[48].

El forense negó moviendo el dedo índice.

—No, no, no. Todos nos equivocamos. El sospechoso Ernesto y la criatura no son padre e hijo. Y como ya sabíamos de antes, Pep tampoco es el padre.

—¡Uf… vaya noticia! —soltó Pedro.

La tensión que habían sentido en espera de la novedad desapareció. Aunque antes habían discutido, nadie contaba realmente con que

48 darle algo a alguien: etwas stößt jemandem zu

Ernesto no fuese el padre. La marquesa se quedó con la boca abierta. No podía emitir sonido alguno. Rosa también estaba perpleja. Veía derrumbarse[49] todas sus conclusiones. Había estado tan convencida…

—Entonces Pujol vuelve a empezar de cero —continuó Pedro.

Sentía cierta satisfacción. Que Rosa se hubiera equivocado era perdonable; Rosa no era una agente, no conocía la labor policial, tampoco tenía las mismas informaciones que Pujol. Ya había descubierto bastantes datos interesantes y útiles. Sus conclusiones tampoco habían estado nada mal. Solamente se había equivocado en la última. Posiblemente había sentido de forma inconsciente unas ganas tremendas de acabar con ese caso que la traía liada[50] desde hacía varios días. Sin embargo, el hecho de que Pujol se hubiera equivocado tan rotundamente era un fallo considerable[51]. Las dudas que tenía sobre la resolución del caso[52] le demostraban a Pedro que todavía tenía un instinto policial que no le engañaba[53].

—Que Pujol vuelva a empezar de cero me tiene sin cuidado[54] —dijo el médico—. Lo que me preocupa es que Ernesto sale de comisaría y sabe a quién debe dar las gracias por su detención.

Ejercicio 91

Verwenden Sie die richtigen Modalverben.
Beispiel: Carina (querer) *quiere* comer algo – Carina möchte etwas essen.

1. *Nosotros (tener que) ______________ ir a la comisaría.*
2. *¿Tú (poder) ______________ ayudarme?*

49 derrumbarse: einstürzen 50 traer a alguien liado: etwas beschäftigt jemanden 51 un fallo considerable: ein bemerkenswerter Fehler 52 resolución del caso: Lösung des Falles 53 engañar: täuschen, hintergehen 54 tener sin cuidado: sich nicht drum scheren

3. *Yo (tener que) ______________ trabajar.*

4. *Tú no (deber) ______________ decir esas cosas.*

5. *Mi marido no (poder) ______________ venir a la entrevista.*

6. *¿Ustedes (querer) ______________ salir mañana por la mañana?*

7. *Vosotros (deber) ______________ estudiar para aprobar el examen.*

8. *Pedro y yo (querer) ______________ ver una película.*

9. *¿Por qué no (querer, tú) ______________ bailar conmigo?*

10. *Linda (tener que) ______________ practicar el español.*

El doctor Redondo observaba a Rosa. Ella no daba la impresión de tener miedo. De momento estaba digiriendo[55] la novedad. Estaba confusa. Tenía que ordenar sus pensamientos.

—Sabemos que Pep queda descartado como asesino. Ernesto no es el padre de la criatura. Eso, de entrada, solo significa que si Ernesto la mató, no fue por ese motivo. Tal vez tuvo otro. ¿Por qué mandó Ernesto al abogado para intimidarme? Para mí sigue siendo el sospechoso principal —insistió Rosa.

—Ernesto no tiene coartada. Te manda al abogado para intimidarte. Quiere que dejes de investigar. Tus sospechas hacen que Pujol concentre sus investigaciones en él. Eso, obviamente, le pone nervioso. Sabemos que se dedica a actividades ilegales. Posiblemente teme ser descubierto. Si tanto insistes en que fue Ernesto, puede que pases por alto[56] algún detalle importante, y nunca se averiguará quién fue el culpable. Las investigaciones policiales nunca deben enfocarse en una sola dirección.

55 digerir: verdauen 56 pasar por alto: übergehen, nicht beachten

Tienes que mantener los ojos abiertos. No sería la primera vez que un caso da un giro inesperado y descubres que el culpable es una persona de la que jamás hubieras sospechado —la contradijo Pedro.

Ejercicio 92

Setzen Sie *hay – hay que – estar – ser* ein.

1. _____________ *mucha gente en la calle.*
2. *Pedro* _____________ *mi mejor amigo.*
3. *Mis padres no* _____________ *en la casa.*
4. *(Yo)* _____________ *muy triste.*
5. _____________ *hablar sobre ese asesino.*
6. *¿*_____________ *algo en la tele?*
7. *¿Vosotras* _____________ *hermanas?*
8. *Alba* _____________ *enferma.*
9. *¿Por qué no* _____________ *ningún asiento libre?*

—Yo opino igual que Pedro. El caso no está para nada resuelto. Pero tú, Rosa, deberías ir con más cuidado. Pienso que Ernesto es peligroso. Cuando salga de comisaría, será mejor que no estés sola durante algún tiempo —le recomendó el doctor Redondo.

—¿Cómo quiere que lo haga? ¿Contrato a un guardaespaldas[57] o le pido protección a la policía? ¿Y qué pasa si Ernesto manda a sus gorilas para que me desmonten el bar[58]? —quiso saber Rosa.

—Yo hablaré con Ernesto y sus gorilas. Si algo te pasa, no pararé de hacerle la vida imposible hasta que acabe en la cárcel. Él sabe que tengo

57 guardaespaldas: Bodyguard 58 desmontar el bar: die Bar in Trümmer legen

contactos en la policía, y que mucha gente del distrito me debe todavía favores. Se estará quieto y no te molestará más —la tranquilizó Pedro.

Capítulo 11

Rosa era una conductora tranquila. No le gustaba correr. Iba por la carretera Nacional II en dirección a Girona. Por autopista se tardaba menos, pero ir por la carretera le recordaba su infancia. Durante el verano, sus padres solían llevarla a ella y a su hermano a una playa cerca de Barcelona. A mano derecha se veía el mar tranquilo, los barcos, los clubs náuticos, las playas y las estaciones del ferrocarril. A veces se cruzaban con el tren de cercanías[1], que llevaba a la gente a la playa o, en dirección contraria, a la gran ciudad. Claro que desde entonces la carretera había cambiado su aspecto, los coches iban hoy en día con las ventanillas cerradas y todo era más rápido. Pero pesar de todo, la carretera todavía le provocaba esa sensación de bienestar y de vacaciones del cole[2].

Ejercicio 93

Ordnen Sie die richtige Bedeutung zu.

1. *Aunque no tiene ni idea, hace como si lo supiera todo.*
2. *Aunque sabía la respuesta, se negó a responder.*
3. *A pesar de que no había nada de comer, la fiesta estuvo divertida.*
4. *A pesar de que no estaba muy claro si iba a funcionar, lo hicimos.*

- *Obschon er die Antwort wusste, weigerte er sich, zu antworten.*
- *Obgleich er keine Ahnung hat, tut er so, als ob er alles wüsste.*
- *Obzwar nicht ganz klar war, ob es funktioniert, machten wir es.*
- *Obwohl es nichts zu essen gab, war die Party lustig.*

1 tren de cercanías: Nahverkehrszug 2 vacaciones del cole: Ferien

Era bastante temprano. Todavía se sentía el fresco de la mañana, pero el sol no tardaría en calentar sin piedad. Rosa quería ir a la playa, no a alguna de Barcelona capital o cercanías, sino lejos, a San Pol. Como mejor podía pensar era en voz alta y conduciendo nadie se la quedaba mirando porque parecía que estaba hablando por teléfono. Rosa resumía los hechos, los indicios y sus conclusiones. Pero sentía que algo no cuadraba[3].

«Ernesto no es el padre de la criatura, pero tal vez tuvo otro motivo para cometer el crimen. Quizá se enteró de que Linda estaba embarazada y pensó que él era el padre. ¿Es eso razón suficiente para matar a alguien? Más bien no. Tal vez se enteró de que él no era el padre y la mató por celos».

«Tampoco es muy probable. ¿Por qué intentó Ernesto intimidarme para que no siguiera investigando en su dirección? Porque tiene miedo de que algo salga a la luz del día… tráfico de drogas. ¿Pero por qué mató a Linda? Chantaje[4]: ella se enteró de sus negocios y lo chantajeó. Primero ya no fue a trabajar a la discoteca. Luego se quedó embarazada y quiso más dinero…».

Rosa fue así todo el trayecto, buscando y descartando respuestas. Por fin llegó al aparcamiento de San Pol. Se bajó del coche y se fue caminando a la playa. Cuanto más se acercaba al mar, más se olvidaba de sus dudas. Extendió la toalla en la arena y se puso crema para el sol. A estas horas de la mañana aún no quemaba. De vez en cuando se refrescaba con un baño en el mar. Esto era lo que necesitaba: aire, cielo, mar y tranquilidad. No pensaba en nada.

3 no cuadrar: nicht passen, nicht schlüssig sein 4 chantaje: Erpressung

Ejercicio 94

Setzen Sie ein: ***como, que, tan, más, menos*** **und übersetzen Sie den Text ins Deutsche.**

Hoy no voy a llegar a casa ____________ tarde ____________ ayer.

Voy a coger el bus ____________ temprano ____________ en estos últimos días.

Así mañana no estaré ____________ cansada ____________ hoy.

No merece la pena trabajar así.

Si lo miras bien, el trabajo es ____________ importante ____________ la salud.

Simplemente gozaba de la mañana y de la playa. Rosa quería estar de vuelta en el bar a la hora de comer. Se duchó en la playa para quitarse la sal del mar. Después se cambió allí mismo y volvió al coche. Se sentía satisfecha de su escapada matutina. Tomó de nuevo la carretera nacional y enseguida recuperó esa sensación infantil de vacaciones del cole. Solo que ahora el sol quemaba demasiado. Llevaba la ventanilla abierta. El aire acondicionado se había averiado hacía algún tiempo. Lo usaba poco, así que no le salía a cuenta arreglarlo. Además, le gustaba que le diese el aire de fuera.

Cuanto más se acercaba a Barcelona, más se apoderaban[5] de ella los pensamientos sobre el homicidio. Iban y venían en su mente. «¿Por qué habían pasado cuatro horas desde que el asesino mató a la víctima hasta que se deshizo de ella? ¿Por qué dejó el cuerpo en el contenedor? Era de suponer que alguien lo encontraría pronto. ¿Tenía el criminal algún interés en que se encontrase pronto? ¿Era posible que el asesino deposi-

5 apoderarse: sich bemächtigen, in Besitz nehmen

tara a la víctima en ese contenedor de El Raval precisamente a esa hora para que las sospechas recayeran sobre Ernesto? ¿Dónde había estado Linda las horas antes del asesinato? ¿Por qué no la había visto nadie?».

Rosa estaba mareada[6] de nuevo. Tantas preguntas y tan pocas respuestas… La mañana en la playa le había sentado bien, aunque ahora estaba un poco cansada.

Ejercicio 95

Ergänzen Sie das Verb im Imperfecto de subjuntivo.

Me alegré de que ayer ____________ tiempo.

____________ irme temprano hoy.

Sería estupendo que nos ____________ hoy.

Me alegraría de que ____________ mañana.

Si tú ____________ yo, también estarías triste.

Llegó a El Raval y por suerte encontró rápidamente un aparcamiento cerca del bar, cosa que no era muy habitual. «A ver qué novedades tiene nuestra pareja de investigadores», pensó Rosa, refiriéndose a Pedro y a la marquesa. Pedro era como un perro de caza[7]. No se daba por satisfecho hasta atrapar la presa[8], es decir, al culpable. Su experiencia profesional y su instinto lo habían encaminado en otra dirección que la de ella. Tal vez había descubierto una pista nueva, prometedora.

Rosa dobló la esquina y vio a Pedro y a la marquesa sentados en la terraza. No esperaba otra cosa. También había un cuantas pandillas de jóvenes comiendo unos bocadillos o tomando un aperitivo antes de irse

6 mareado: schwindlig, verwirrt 7 perro de caza: Jagdhund 8 atrapar la presa: die Beute fassen

a comer. Cuando iba a entrar en el bar se tropezó[9] con el forense, que en ese instante estaba saliendo.

—Hola Rosa, ¿tú aquí? Me ha dicho Carmen que te habías tomado libre hasta por la tarde.

—No, le dije que hasta la hora de la comida. He ido a la playa esta mañana para tomar un poco el aire. Pero he preferido volver antes de que el sol caliente demasiado. Y usted doctor, ¿ya ha comido o se va ahora a comer?

—Voy a comer a casa. Hoy ha vuelto mi esposa del Pirineo y ha preparado algo. Hasta mañana, Rosa.

¿Hasta mañana? Sí, era cierto, desde el asesinato el médico pasaba cada día por el bar, como muchos otros que sentían curiosidad. «Antes pasaba solo una vez por semana», pensó Rosa. Siempre se sentaba en el mismo taburete y tomaba un carajillo o un refresco antes de irse a casa o al Instituto Forense.

Ejercicio 96

Setzen Sie das Verb in die entsprechende Form.

1. *Me pidieron que yo les (traer) unas langostas de Santa Pola.*
2. *Ella no duda que nosotros (saber) la respuesta.*
3. *No me divertí hasta que ellos (venir).*
4. *No era posible que nuestros testigos nos (oír).*
5. *¿Hay alguna verdura que no te (gustar) comer?*
6. *Ojalá que no (haber) otro asesino.*
7. *Si tenemos mucha prisa, siempre (pedir) comida rápida.*

9 tropezar: begegnen

Rosa saludó a Carmen, que se sorprendió de que ya hubiera vuelto. Le pidió una cervecita bien fresca y un bocadillo de jamón y salió a la terraza. Se sentó con Pedro y la marquesa.

—Hola, parejita. ¿Qué hacéis?

—Hola, Rosa. Estamos charlando un poco, como puedes ver —respondió la marquesa.

—¿Ya habéis comido algo? —preguntó Rosa.

—No, nos esperamos un poco para ir a casa a comer —contestó Pedro.

Carmen trajo la cerveza y el bocadillo.

—Que aproveche, Rosa.

Puso todo en la mesa y volvió a entrar en el bar.

—¿Y a qué esperáis para ir a comer? Ya es la hora.

—A que se vaya la gente. María ha salido de casa en zapatillas y ahora no quiere que la vean así.

Ejercicio 97

Ergänzen Sie die Sätze mit dem Verb im Futur.

Ustedes ya me dieron una excusa y me ______________ *otra mañana.*

Mi madre sirvió pollo asado ayer y ______________ *las sobras hoy.*

No vino nadie ayer y no ______________ *nadie el sábado tampoco.*

Vicente condujo rápido ayer. En el futuro ______________ *lentamente.*

Nosotros hicimos un viaje en marzo y ______________ *otro en mayo.*

Rosa miró los pies de la marquesa. De pronto soltó un grito. Pedro y la marquesa se la quedaron mirando. Rosa cerró los ojos y comenzó a oscilar el cuerpo hacia delante y hacia atrás con la cabeza agachada. Era obvio que estaba pensando algo. Pedro esperó unos instantes, luego preguntó:

—¿Estás bien, Rosa?

Ella afirmó con la cabeza.

—¿Qué diablos estás haciendo? —quiso saber la marquesa impaciente.

Rosa le señaló con la mano que la dejase, que no la interrumpiera. No abrió los ojos. Continuó con su movimiento. Los dos viejos se miraron, preguntándose qué significaba el extraño comportamiento de Rosa. Pasó un rato hasta que abrió los ojos.

—Bien, ya está.

Se levantó y entró en el bar sin más palabras. Pedro y la marquesa la siguieron con la mirada sorprendidos y desconcertados[10]. Vieron cómo le decía algo a Carmen. A continuación, Rosa se sentó en un taburete y vació su bolso sobre la barra. Buscaba algo. Volvió a recogerlo todo y lo metió de nuevo en el bolso. Salió del bar y le sonrió a la pareja. Llevaba las llaves del coche en la mano.

—¿Qué sucede, Rosa? —preguntó Pedro.

—Voy a ver a alguien.

—¿Y por qué esas prisas? Ni siquiera te has tomado lo que has pedido —alegó[11] la marquesa.

—Voy a visitar a una persona porque sé quién mató a Linda y creo que incluso puedo probarlo. Pero necesito más información. Ya os lo contaré cuando vuelva.

Ejercicio 98

Finden Sie die spanische Übersetzung auf dieser Seite.

eine Weile *die Worte* *überraschter Ausdruck* *die Theke*

10 desconcertado: verblüfft, verdutzt 11 alegar: einwenden

«Tranquila, Rosa, tranquila», se decía a sí misma mientras conducía por las calles de Barcelona llenas de tráfico. Se sentía como en una película de cine cuando el detective descubre quién es el asesino. Y no solo eso. Conocía el motivo. Sabía dónde se había cometido el crimen, veía claro con qué sutileza[12] el asesino había dejado pistas falsas para despistar a todos. Linda, un homicidio al que los periódicos habían dedicado varios artículos en su sección de noticias locales. Linda, una cara pálida que asomaba por encima de un contendor de basuras. Linda, una chica que se había enamorado y confiado en una persona falsa. Rosa no se sentía muy a gusto. Mientras que nadie sabía quién era el asesino, todo había sido como un juego, como un rompecabezas[13].

Ejercicio 99

Ergänzen Sie mit *algún, alguna, alguno, algunas, algunos, alguien, ningún, ninguna* oder *ninguno.* Beispiel: Tienes _____________ amigo en España./Tienes *algún* amigo en España.

1. _____________ *amigos míos viven en el extranjero.*
2. *¿_____________ tiene _____________ pregunta?*
3. *¿Tienes _____________ corbata para prestarme? No, no tengo _____________.*
4. *¿Conoces a _____________ cantante famoso? No, no conozco a _____________.*
5. *No hay _____________ mesa libre.*
6. *¿Conoces a _____________ médico en el barrio? – No, no conozco _____________.*

12 sutileza: List, Scharfsinn 13 rompecabezas: Rätsel, Tüftelspiel

La solución del caso se le había ocurrido en la mesa con Pedro y la marquesa. Así, sin más, sin pensar en ello. Pero ahora sabía lo que había sucedido aquella noche. Solamente le quedaba encontrar las pruebas necesarias. No es que le gustase lo que había descubierto, pero era la verdad, por desagradable que fuese. «No puedes dar marcha atrás», se dijo Rosa. «Tengo que hacerlo, no queda más remedio. Sin embargo, tal vez sea mejor ir primero a hablar con Pujol», pensó. Giró el coche y se fue a casa. «¿Cuántas veces en tu vida resuelves un homicidio?». Rosa se duchó y se cambió de ropa. Encendió un cigarrillo y se lo fumó delante del espejo del pasillo. Después tomó las llaves del coche y se fue a ver a Pujol.

Ejercicio 100

Ergänzen Sie mit der richtigen Form von *saber, conocer* oder *poder*.
Beispiel: ¿[tú] jugar al ajedrez? → *¿Sabes* jugar al ajedrez?

1. *Carmen no ______________ conducir.*
2. *Hay mucha gente que no ______________ leer ni escribir.*
3. *Dicen que no te ______________ de nada.*
4. *¿Quién ______________ al gerente?*
5. *No ______________ [yo] a ningún Aurelio.*
6. *Mañana no ______________ [yo] venir a clase.*
7. *¿[tú] ______________ cuántos años tiene Rocío?*
8. *¿[vosotros] ______________ algún restaurante español?*
9. *¿[ustedes] ______________ jugar al dominó?*
10. *Me gusta ______________ gente nueva.*

Epílogo

Comenzaba septiembre. El calor agobiante ya había cesado, y los barceloneses habían vuelto a la ciudad. Los clientes matutinos ya solo eran vecinos del barrio o gente que trabajaba cerca y que venían a tomar un café y a escuchar una historia. A Rosa le parecía muy bien, pues se le llenaba el bar bastante más que antes. Pedro y la marquesa, que por supuesto seguían frecuentando el bar, asistían a Rosa en sus narraciones.

Eran un trío entretenido, y la marquesa destacaba[1] adornando la historia con detalles inventados o que incluso no venían al caso. Rosa no tenía inconveniente en ello mientras la gente siguiera viniendo. Pedro, como excomisario, no participaba demasiado en las explicaciones. Se mantenía un poco al margen[2], pero estaba a disposición para cuando eran necesarios conocimientos policiales específicos. Rosa contaba la historia desde el principio. Relataba como Ramón el vagabundo le había dicho a qué hora fue depositada la víctima en el contenedor, cómo ella había deducido que el asesino tenía que ser un hombre alto y por qué había sospechado de Ernesto. Y así llegaba Rosa al momento en el que había visto claro cómo había sucedido todo.

—Cuando Pedro me dijo que María iba en zapatillas de casa, recordé que Linda también llevaba zapatillas cuando la encontramos. La marquesa observó muy pronto que la muchacha había tenido que ser asesinada en casa porque nadie sale con zapatillas a la calle. Tampoco era probable que el asesino se las hubiera puesto post mortem. Pujol averiguó que las zapatillas no eran de Linda, y según sus padres hacía días que no pasaba por casa. Como llevaba zapatillas de otra mujer, había tenido que estar en casa de una amiga o en la del asesino. Si había

1 destacar: hervorstechen, hervorheben 2 al margen: abseits, am Rande

estado en casa del asesino, ¿por qué llevaba zapatillas? ¿Por qué tenía el asesino zapatillas de mujer en casa? Pues porque estaba casado, y la esposa estaba fuera. Cuando se me ocurrió esa idea, supe quién había sido el asesino.

Rosa encendió un cigarrillo. Fumaba mucho últimamente, pero daba igual. De algo había que morir. Cuánto tiempo había estado rompiéndose la cabeza. Tenía la respuesta a todas sus preguntas a la vista y no se había dado cuenta. En un momento relajado, cuando menos lo esperaba, cuando no pensaba en el asesinato, se le presentó la solución. Qué ciega había estado todo el tiempo… También el doctor Redondo era alto.

—Había algunos detalles en este caso que desde el principio no tenían sentido. Me encontré a las cuatro y cuarto de la madrugada en un contenedor de basuras el cuerpo de una chica con la cabeza asomando fuera. Quien hubiera colocado allí a la chica tenía mucha prisa[3] o la había dejado así intencionadamente[4]. Al principio pensé que había sido Ernesto, que se habría dado prisa para que nadie lo viera. Sin embargo, me hizo dudar el hecho de que el cadáver hubiera sido colocado en el contenedor con tanta dejadez[5]. Daba la impresión de que el asesino deseaba que la chica fuese encontrada pronto. ¿Pero por qué…?

Los oyentes asentían con la cabeza, pero nadie interrumpía la narración.

—De entrada había dos sospechosos, Pep y Ernesto. Pep al principio no tenía coartada, pero sí un motivo: los celos. Sabíamos que había quedado con Linda, pero según él, ella no había acudido. Podía ser mentira. Pep le había podido escribir los dos últimos mensajes —«¿Dónde estás?» y «Ya no espero más»— estando ella muerta. Sin embargo, ¿por qué razón quería Pep que se encontrara pronto a la víctima? No tenía sentido. El otro sospechoso era Ernesto. Definitivamente no tenía coar-

3 prisa: Eile 4 intencionadamente: absichtlich 5 dejadez: Nachlässigkeit

tada y era una persona violenta. Queríamos que Ernesto fuera el asesino. Total, nos centramos[6] demasiado en estos dos sospechosos. No veíamos lo que era obvio.

Hasta entonces habíamos basado todas nuestras investigaciones en el hecho de que la chica había fallecido a medianoche y había sido encontrada sobre las cuatro de la madrugada.

Rosa dio una calada larga al cigarrillo. Todo el mundo estaba en silencio. Los clientes esperaban que continuase.

—Todos suponíamos que estos datos eran correctos. No teníamos motivos para dudar de ellos. El problema era que no avanzábamos con las investigaciones. Podía haber dos razones. La primera era que nos equivocábamos en alguna conclusión. La segunda, que no nos equivocáramos, sino que algún dato fuera incorrecto. ¿Y cual de las informaciones que teníamos era incorrecta y nos la creímos?

Silencio. Algunos se encogieron de hombros[7] indicando que no lo sabían.

Pedro solía objetar:

—Yo simplemente creí que todos los que investigaban en el caso decían la verdad. Por lo tanto, Pujol y nosotros nos creímos que Linda había fallecido a medianoche.

—Nadie se imagina que un forense pueda escribir informes falsos —le disculpó Rosa—. Cuando se me ocurrió que el doctor Redondo podía ser el asesino, lo vi todo claro. Él determinó[8] la hora del fallecimiento hacia la medianoche, precisamente cuando tenía una coartada. ¿Qué interés tenía en que se encontrase pronto a la víctima? Respuesta: La rigidez cadavérica. Suele aparecer a las tres o cuatro horas de fallecer y se va extendiendo desde la cabeza hacia el resto del cuerpo. Luego os cuento el porqué; este detalle es importante.

6 centrarse en algo: sich auf etwas konzentrieren 7 encoger los hombros: mit den Schultern zucken 8 determinar: festlegen

Rosa apagó el cigarrillo y tomó un trago de su tónica. Contempló unos instantes las burbujas[9] y continuó:

—Linda no fue asesinada el sábado por la noche, sino el viernes. Ella llamó el viernes a su amiga Alba y le contó que tenía una cita con un hombre. Pasó la noche en casa de ese hombre, el doctor Redondo. Su mujer no estaba, pues pasaba unos días en el Pirineo. Posiblemente hicieron el amor, y después Linda se duchó. El caso es que se puso las zapatillas de la señora Redondo. Linda y el doctor discutieron, y él la mató. Se tenía que librar de la víctima y buscarse una coartada. Y qué malicia[10] mostró. Esperó al sábado por la noche para mandar mensajes a Pep desde el móvil de Linda. Quedó con Pep sabiendo que ella jamás iba a acudir a la cita, y que así Pep carecería de coartada. Cargó a la víctima en el maletero[11] de su propio coche, que como sabemos, era igual que el de la esposa del doctor, y se fue en el vehículo a la fiesta de la familia Gijón. Imaginaros con qué frialdad actuó el doctor porque, precisamente en esa fiesta estaban también divirtiéndose los padres de Linda mientras su hija yacía[12] muerta fuera, en el coche. Todos los invitados podrían atestiguar después que el doctor estuvo en la fiesta hasta las tres y media de la madrugada.

Al salir de allí, llevó a Linda al contenedor, se libró de ella y dejó el coche a pocos metros de distancia. Como no había ido con su propio vehículo, nadie pudo anotar su matrícula[13]. Poco después lo llamó la policía a casa para que se presentara donde previamente había abandonado a la víctima. Al día siguiente informó que la hora de defunción había sido aproximadamente el sábado a medianoche. ¿Quién iba a dudar del informe forense? Nadie jamás iba a sospechar de él.

Rosa abrió los brazos.

9 burbuja: Bläschen 10 malicia: Arglist, Boshaftigkeit 11 maletero: Kofferraum 12 yacer: liegen, begraben sein 13 matrícula: Kennzeichen, Nummernschild

—¿Qué queréis que os diga? Tal vez el doctor Redondo estaba enamorado de Linda, tal vez solo buscaba una aventura sexual. Posiblemente no quiso que su mujer se enterase de su aventura y del embarazo; él era el padre. Linda le amenazó, y él la mató. Pep era un sospechoso ideal. Claro que a la larga[14], Pujol habría descubierto que Pep era inocente. Para el doctor, la cuestión era ganar tiempo y liar el asunto[15]. Luego, cuando Pep ya no era sospechoso, le serví a Ernesto y nos volvimos a despistar.

—No fue culpa nuestra —interrumpió la marquesa—. No disponíamos de todos los datos. El que siempre metía la pata[16] era el comisario Pujol. Sin nuestra ayuda, jamás hubiera resuelto el caso. En vez de aportar ideas nuevas se aferraba[17] a cada sospechoso. Quien se despistaba era Pujol.

—Bueno, el caso es que todos nos dejamos despistar —le corrigió Pedro—. Y el doctor fue muy hábil dejando pistas falsas. ¿Por qué quiso que encontrásemos pronto a la víctima? La rigidez cadavérica comienza a las tres o cuatro horas y desaparece a las veinticuatro. Así que cuando Rosa encontró el cadáver, ya había desaparecido porque la muchacha llevaba muerta un día. Pero el doctor nos hizo creer que todavía no había comenzado el rigor mortis. Por eso parecía lógico que Linda hubiese muerto a medianoche, hora en la que él tenía una coartada.

—Sí, pero de todo esto nos enteramos cuando ya estaba detenido y tuvo que confesar porque no tenía más salida —replicó la marquesa.

—Sí, es verdad. Al principio no supe cómo probarlo—. continuó Rosa—. Sin evidencias claras, Pujol no me habría creído. Tuve que convencerle para que me acompañase a casa de los Gijón. Quise hablar con ellos para ver si encontraba alguna prueba y, mira por dónde, tenían una cámara

14 a la larga: auf die Dauer 15 liar el asunto: die Angelegenheit verwirren 16 meter la pata: etwas verderben 17 aferrarse: sich verrennen, sich in etwas verbeißen 18 enfocado: eingestellt auf, fokussiert auf 19 grabación: Aufnahme

enfocada[18] justamente a la entrada del terreno. Visionamos una y otra vez las grabaciones[19] y descubrimos algo decisivo: el doctor Redondo entraba con un coche oscuro al aparcamiento y, aunque la grabación era en blanco y negro y de poca calidad, había algo que se veía bien claro... la matrícula del coche de Linda.

FIN

Lösungen

Ejercicio 1 Son las tres. – Es ist drei Uhr. Son las dos y cinco. – Es ist zwei Uhr und 5 Minuten. Son las dos y cuarto – Es ist viertel nach zwei. Son las dos y veintinueve. – Es ist zwei Uhr neunundzwanzig. Son las dos y media – Es ist halb drei. Son las dos menos cuarto. – Es ist Viertel vor zwei. las ocho y cuarto de la tarde – Viertel nach acht am Abend; de la tarde – mittags, nachmittags; de la noche – abends, nachts

Ejercicio 2 1. leen, 2. está, aprender, 3. tenemos, 4. sabes

Ejercicio 3 1. pensamos, 2. has cambiado, 3. me encontré, 4. cogiste, 5. he estado, 6. empezamos, 7. habéis reservado, 8. salió, 9. hemos visto, 10. perdiste

Ejercicio 4 1. Arregló, 2. comí, 3. Aprendimos, 4. Ganaste, 5. Estudiamos, 6. Nací, 7. pensó, 8. alquilamos, 9. bañasteis, 10. llevé

Ejercicio 5 Lo hace por dinero. = Er macht es wegen des Geldes. Trabaja por su familia. = Er arbeitet wegen seiner Familie. ¿Cuánto pagas por el libro? = Wieviel zahlst du für das Buch? ¿Cuánto cobra por limpiar esto? = Wie viel zahlen Sie, um dieses zu säubern? Lo hacemos por gusto. = Wir machen es, weil es uns Spaß macht. Lo hacemos para divertirnos. = Wir machen es zu unserem Vergnügen. Lo hago por ti. = Ich mache es wegen dir. Lo hago para ti. = Ich mache es für dich. Lo hace para comer. = Er macht es, um zu essen. Trabaja para ganar dinero. = Er arbeitet, um Geld zu verdienen.

Ejercicio 6 1. Por la noche me acuesto. 2. Termino de trabajar a las 6. 3. Salimos de la habitación, 4. Bajo por la escalera. 5. Trabajo por el día. 6. No hago nada por la noche. 7. No tengo mucho dinero. 8. No es un hombre viejo.

Ejercicio 7 — 1. Tú me pones muy nervioso. 2. Tú le/lo pones muy nervioso. 3. Los exámenes les/los ponen muy nerviosos, 4. Las películas policíacas la ponen muy nerviosa.

Ejercicio 8 — El comisario está de buen humor y animado. Es obvio que ama su trabajo, sobre todo cuando tiene público. Se acerca directamente a Rosa y el médico.

Ejercicio 9 — 1. Muévase! 2. ¡Mande! 3. ¡Recoja! 4. ¡Averigüe! 5. ¡Llame! 6. ¡Vámonos! 7. ¡Cómpralo! 8. ¡No me lo digas! 9. ¡No lo hagas! 10. ¡Repite lo que has dicho!

Ejercicio 10 — 1. Rosa und Carmen sprechen über die mörderische Hitze. 2. Pedro und die Marquise sprechen nicht miteinander. 3. Meine Freundin erinnert sich nicht an deine Adresse. 4. Ich stehe früh auf und dusche mich mit kaltem Wasser. 5. In diesem Sommer trägt man kurze Röcke.

Ejercicio 11 — El aire no se mueve. Rosa ha dormido poco. Cuando sale de casa para ir al trabajo, ya ha pasado la hora de la comida. El concierto caótico de la ciudad está en pleno auge: las motos rugen, los taxis bocinan, en restaurantes y bares se oye el entrechocar de los platos y los vasos y de algunos establecimientos sale música. En las calles de El Raval hay un olor a humedad que no se debe precisamente a la ropa tendida.

Ejercicio 12 — 1. Estás trabajando en el bar. 2. Pedro está escribiendo un SMS. 3. Están pidiendo ahora mismo. 4. Estáis durmiendo. 5. Estamos comiendo bocadillos. 6. Estoy estudiando. 7. Está leyendo un libro. 8. Estáis trabajando el lunes. 9. La camarera está trayendo la cuenta.

Ejercicio 13 1. Pep visita el dueño de la tienda. 2. Los hermanos van a Sevilla. 3. Venimos de Malaga. 4. La chica viene del pueblo. 5. Conocemos al forense. 6. ¿Dónde están las entradas de los chicos? 7. Voy a casa. 8. La casa de mis amigos. 9. Los padres de la Rosa están en Servilla. 10. Tenemos las llaves del coche.

Ejercicio 14 1. Eso te pregunto, 2. Puede ser, 3. Acabará mal, 4. La mañana siguiente, 5. Ir de caza

Ejercicio 15 Pep está en la gloria. – Pep está muy feliz./Él vio el cielo abierto. – Él encontró la solución al problema./ Él le tomó el pelo. – Él la engañó./Pedro tiene buena mano. – Pedro es hábil.

Ejercicio 16 enrojecer – erröten, robar – stehlen, despotricar – schimpfen, descubrir – entdecken

Ejercicio 17 1. hicimos, 2. queríamos, 3. llegamos, 4. encontró, 5. era, 6. enseñó, 7. salí, 8. pasaba, 9. llevaban, 10. paseaban, 11. llevaban, 12. pregunté, 13. contestó

Ejercicio 18 1. Seit wann wohnst du im El Raval? 2. Warum wohnst du hier? 3. Vermisst du deine Familie nicht? 4. Gibt es viele Afrikaner im Stadtteil?

Ejercicio 19 1. Tienes que encontrar un empleo seguro. 2. No tengo que trabajar mañana. 3. Hay que hacer esfuerzos. 4. No hay que estudiar. 5. No hay que ser pesimista.

Ejercicio 20 1. Si no mal recuerdo, queríamos ir a comer hoy. 2. ¡No me digas! No me acuerdo. 3. La próxima vez te lo recordaré a tiempo. 4. Habíamos acordado ir al restaurante español. 5. No guardo (tengo un) buen recuerdo de la última cena en ese restaurante. 6. ¿Te acuerdas de la paella?/¿Recuerdas la paella? 7. No, me acuerdo de la camarera./No, recuerdo a la camarera. 8. Si la ves, dale recuerdos de mi parte./ Si la ves, salúdala de mi parte.

Ejercicio 21 1. Esta cocinera se la prepara. 2. La profesora nos las explica. 3. Sus amigos se lo prestan. 4. Mi hermano me las trae. 5. Pedro y yo te la decimos. 6. Su esposo se los lava. 7. Pedro y Rosa se las repiten. 8. Mis abuelos me los regalan. 9. El policía se las devuelve.

Ejercicio 22 tengo – aseguro – parece – es – conozco – distribuye – busca – tiene – paga – habla – escriben

Ejercicio 23 el marido, el esposo – der Eheman/la mujer, la esposa – die Ehefrau/los hermanos – die Geschwister, die Brüder/el abuelo, la abuela – der Großvater, die Großmutter/el suegro, la suegra – der Schwiegervater, die Schwiegermuter/el yerno – der Schwiegersohn/la nuera – die Schwiegertochter

Ejercicio 24 ¿Cuándo nos veremos, tú y yo? ¿Está Pedro? No, aún no ha llegado. Los jóvenes solo piensan en divertirse. A Pep no le gusta hablar de sus problemas.

Ejercicio 25 Mit der Zeit gewöhnt man sich an alles. Punkt sieben Uhr springen wir aus dem Bett. Wir duschen uns mit kaltem Wasser, putzen uns die Zähne und kämmen uns. Um halb acht haben wir die Morgentoilette beendet. Es folgen zehn Minuten Gymnastik, und dann frühstücken wir. Um Viertel vor neun gehen wir zum Klassenzimmer.

Ejercicio 26 los primeros días, los felices cumpleaños, algunos libros, unos forenses ingleses, los grandes almacenes, mis amigos son simpáticos, no tenemos ningún libro, las luces de las ciudades, las estaciones más agradables, los trenes de Barcelona, las tardes apacibles, unos meses algo tétricos, los días caniculares

Ejercicio 27 1. salir, dirigirse, 2. haber, acudir, poder haber, 3. haber ir, haber ser, 4. estar.

Ejercicio 28 1. expresiones, 2. excelente, 3. nariz, 4. pescar, 5. peculiar, 6. primaveral, 7. estival. 8. viajes, 9. quema, 10. rayos, 11. frescas, 12. desiertas, 13. caldea, 14. célebre

Ejercicio 29 Usted se equivoca en eso, ¿Alguna otra cosa? No lo merece. Llamar a la policía. Tener confianza en.

Ejercicio 30 39 – treinta y nueve, 22 – veintidós, 11 – once, 73 – setenta y tres, 84 – ochenta y cuatro

Ejercicio 31 1. algo, 2. cada uno, 3. mismo, 4. muchos, 5. pocos, 6. mucha, 7. todos, 8. ninguno, 9. nada, 10. otros, 11. mismo, 12. tal

Ejercicio 32 1. de, 2. cuando, 3. del, 4. sobre, 5. de, 6. en, 7. sobre todo, 8. de

Ejercicio 33 warten – esperar, bitten – pedir, sprechen, reden – decir, ansehen – mirar, sich entrüsten – enojarse

Ejercicio 34 la rusa, la arena, la silla, la pelota, la oveja

Ejercicio 35 Después de unos kilómetros por la carretera, entra el coche en la calle principal del pueblo, empedrada con toscos adoquines de principios del siglo por un alcalde progresista; a cien metros, está la Plaza Mayor con una fuente en el centro.

Ejercicio 36 1. esté, 2. olvidaré, viva, 3. creo, tenga, 4. estoy, logrará, 5. diga, quiere, tomaré, complicar, 6. recomendó, fuera, 7. pidamos, sabe, concederá(n), 8. llegue, escribiré

Ejercicio 37 la amiga – la enemiga, la cobardía – la valentía, la lejanía – la cercanía, la vida – la muerte, la alegría – la tristeza, la amistad – la enemistad, la frialdad – la calidez, el peligro – la seguridad

Ejercicio 38 Los ríos de Paraguay son paraguayos. El lago de Como en Italia es italiano. La poesía de Nicaragua es nicaragüense. El canal de Panamá es panameño. El café de La República Dominicana es dominicano. Los políticos de El Salvador son salvadoreños. Las playas de Uruguay son uruguayas. El petróleo de Venezuela es venezolano.

Ejercicio 39 la comisaría – das Kommissariat, el banco – die Bank, el pasillo – der Flur, las piernas – die Beine, un ratito – ein Weilchen, importancia – die Wichtigkeit, la oficina – das Büro

Ejercicio 40 (Cuando) la chica se había recuperado, le echó una mirada al muchacho como preguntando si debía esperarlo. El muchacho hizo un movimiento con la mano indicándole que no era necesario, que ya se las arreglaría. No obstante, la chica salió de la oficina y se sentó en el banquillo junto al excomisario. Iba a esperar al muchacho. Unos veinte minutos más tarde pasó un policía por el pasillo.

Ejercicio 41 1. No le escribas a tu hermano lo que ha ocurrido. 2. No repitas lo que has dicho. 3. No te pongas la corbata. 4. No traigas el libro que te pedí. 5. No le mandes este paquete. 6. No apagues el televisor.

Ejercicio 42 ¿A quién llamas? ¿A quién le prestas ese dinero? ¿Cómo le va el retiro? ¿Hacía calor? Era sofocante. ¿Qué significa esto?

Ejercicio 43 1. Cuando doña María era pequeña, siempre se levantaba temprano. 2. Mis padres siempre se iban juntos al bar. 3. Todos los domingos comíamos algo especial. 4. Vosotros nunca me ayudabais.

Ejercicio 44 1. Me habla como si yo fuera la jefa del bar. 2. A veces pienso que si no trabajaras tanto, vivirías mejor. 3. Si pudieras salir algo antes, nos encontraríamos en el bar de la esquina. 5. Mi hijo es muy inteligente; si quisiera, podría sacar sobresaliente en todas las asignaturas. 5. Dijo mi madre que me prestara usted un par de limones.

Ejercicio 45 1. salir, 2. esperar, 3. llorar, 4. acercar, 5. contestar, 6. indicar, 7. escuchar, 8. acostumbrar

Ejercicio 46 Carmen visita al dueño de la tienda. Los hermanos van a Girona. Venimos de Málaga. La chica viene al pueblo. Conocemos al jefe. ¿Dónde están las entradas de los chicos? Voy a casa. La casa de mis amigos, Los padres de Pedro están en Sevilla. Tenemos las llaves del coche.

Ejercicio 47 pequeño – pequeñito, pequeñín, poco – poquito, poquitín, pájaro – pajarillo, pajarito, pajarín, pie – piececito, piececillo, flor – florecita, florecilla, pan – panecillo, sol – solecillo

Ejercicio 48 1. la bala – die Kugel, 2. la cera – das Wachs, 3. el ratón – die Maus, 4. el río – der Fluß, 5. la cuchara – der Löffel, 6. el pañuelo – das Taschentuch, 7. la cerilla – das Streichholz, 8. la puerta – die Tür, 9. el zapato – der Schuh

Ejercicio 49 1. Al entrar, me saludó. 2. Al terminar, me llamas. 3. Al ponerse el sol, crecen las sombras. 4. Al abrir la ventana, oí el dulce canto de dos pajarillos.

Ejercicio 50 1. Cuando tenía 19 años, conocí a mi mujer. Antes ya había tenido otras novias. 2. Esta mañana hemos visto a tus abuelos. 3. Pep vino un día a mi casa y me explicó el problema. 4. Ayer estuvieron en Santa Pola. 5. Nunca has entendido a los hombres.

Ejercicio 51 la cabeza – pensar, respirar – los pulmones, los labios – besar, abrazar – los brazos, los músculos – hacer fuerza, el ojo – ver, el oído – oír

Ejercicio 52 1. Esta mañana hemos paseado por la ciudad. 2. Este regalo es para ti. 3. Trabajamos para tener dinero. 4. Por eso hemos ido a la policía. 5. Nunca está en casa por las noches.

Ejercicio 53 —¿De dónde coño sacan estos periodistas sus informaciones? —quiso saber Carmen—. No me puedo imaginar que Pujol les revelase todos estos datos. —Un poco de cotilleo por aquí, un poco de cotilleo por allá, un agente indiscreto que tiene un hobby caro, y ya tienes tu noticia compuesta de suposiciones y datos concretos. El periódico aumenta el número de ventas, y el lector se lo cree todo porque lo dice el periódico. Así funciona el mundo de las noticias —le explicó Rosa desde detrás de la barra.

Ejercicio 54 aperitivo – ~~merienda~~ – primer plato – postre
fiambre – jamón – tocino – ~~mariscos~~
~~metro~~ – peso – tamaño – temperatura
juez – fiscal – testigo – ~~juicio~~
dólar – rublo – euro – ~~pfennig~~

Ejercicio 55 1. desde, 2. desde, 3. desde hace, 4. desde hace, 5. Hace, 6. desde hace, 7. desde, 8. Hace, 9. desde, 10. hace

Ejercicio 56 enfadado – wütend, agachar la cabeza – Kopf beugen, sonreír – lächeln, callado – schweigend

Ejercicio 57 1. Se abre una lata de habas, 2. Se ponen las habas en una cacerola, 3. Se echa una cucharadita de vinagre en la cacerola, 4. Se cocina a fuego lento, 5. Se llena otra cacerola de agua; se hierve el agua, 6. Se pone una taza de arroz en el agua hirviendo, 7. Se lleva el agua a ebullición una vez más, 8. Se agrega sal y pimienta, 9. Se cuece a fuego lento hasta el arroz esté listo, 10. Se sirve el arroz con las habas, 11. Se taja o corta en pedazos una cebolla, 12. Se ponen las cebollas tajadas encima del arroz y las habas y se sirve.

Ejercicio 58 Ich fühle mich nicht gut. – No me siento bien./Ich bin erschöpft. – Estoy agotado/-a./Ich bin mit den Nerven am Ende. – Estoy de los nervios./Ich bin nicht gut drauf. – No estoy de humor./Ich fühle mich schlecht. – Me siento mal.

Ejercicio 59 Ich will nicht. – No quiero./Das ist dein Problem. – Es tu problema./Kommt nicht in Frage. – De eso nada./Das ist nicht möglich. – No es posible./Ich habe keine Lust. – No tengo ganas./Damit kann ich nichts anfangen. Eso no me dice nada./Tut mir sehr leid. – Lo siento mucho.

Ejercicio 60 1. tocó, 2. visitaste, 3. escribió, 4. trabajé, 5. nació, 6. compraste, 7. dejaron ustedes, 8. Yo viví, 9. vine

Ejercicio 61 1. oficiales, 2. tranquilos/tranquilamente, 3. irregulares, oficialmente, 4. excelente, 5. irregularmente, 6. notable, 7. principalmente

Ejercicio 62 1. podría, 2. gustaría, 3. Sería, 4. harías, 5. compraría, 6. Ustedes deberían, 7. encantaría, 8. saldría, 9. preocuparía, 10. Sería

Ejercicio 63 1. Esto es tuyo. 2. ¿Qué quieres en realidad? 3. ganar una fortuna 4. ser inocente 5. dar un buen consejo. 6. estar al corriente

Ejercicio 64 1. asomarse, 2. vete, 3. me, 4. te, 5. me, 6.mí, 7. Os, 8. nos

Ejercicio 65 1. Han vendido la casa. 2. Entre todos han pagado la comida, 3. Pedro compró el vino. 4. Transportan las mercancías por carreteras, 5. La policía controló a los camioneros. 6. La secretaria escribió las cartas. 7. Carmen y María prepararon la cena.

Ejercicio 66 ancho: amplio/evidente: obvio/gordo: obeso/loco:

demente/verdadero: auténtico/frágil: delicado/inútil: ineficaz/tonto: bobo

Ejercicio 67 dar las gracias – danken, proseguir – fortsetzen, la víctima – das Opfer, el traslado – die Überführung, la cárcel – das Gefängnis, el preso – der Gefangene, el asesino – der Mörder, la coartada – das Alibi, la prueba – der Beweis

Ejercicio 68 resumir – el resumen, alta – la altura, fuerte – la fuerza, colocar – la colocación, costar – el coste o el costo

Ejercicio 69 1. has visto, he visto, 2. han ido, hemos ido, 3. has vuelto, he vuelto, 4. has hecho, he tenido, 5. hemos ido, habéis vuelto

Ejercicio 70 1. la mía, 2. el suyo, 3. el tuyo, 4. la suya, 5. las nuestras

Ejercicio 71 1. frío, 2. sol, 3. primavera, 4. es, 5. ascensor

Ejercicio 72 1. Ich mache mir Sorgen. 2. Ich bin wegen ... beunruhigt, 3. Ich bin nervös. 4. Ich habe Angst. 5. Ich habe etwas Angst. 6. Ich bin beunruhigt.

Ejercicio 73 1. lunes – martes – miércoles – jueves – viernes – sábado – domingo, 2. enero – febrero – marzo – abril – mayo – junio – julio – agosto – septiembre – octubre – noviembre – diciembre, 3. a) primavera b) verano c) otoño d) invierno

Ejercicio 74 1. valga, 2. quieras, 3. coma, 4. tuviera, 5. venga, 6. quepan, 7. esté, 8. digas

Ejercicio 75 1. lección octava, 2. capítulo tercero, 3. capítulo primero, 4. Carlos II (segundo), 5. Napoleón I (primero), 6. Alfonso XII (doce)

Ejercicio 76 1 c, 2 n, 3 b, 4 g, 5 k, 6 a, 7 m, 8 d, 9 i, 10 n, 11 h, 12 e, 13 d, 14 j, 15 f, 16 l

Ejercicio 77 1. están, 2. tienes, 3. tengamos, 4. sean, 5. llame, 6. diviertes, 7. pagan, 8. lleguéis, 9. sienten

Ejercicio 78 1. Nosotros les traemos los caramelos. 2. Ana me compra leche. 3. Ellos le leen una carta. 4. Yo le traigo los libros. 5. Pedro nos compra los juegos. 6. El profesor les da unas entradas. 7. Las policías les ponen las esposas. 8. Mi madre me envía dulces.

Ejercicio 79 1. más, 2. menor, 3. tan, 4. peor, 5. mejor, 6. tanto

Ejercicio 80 Cuando Rosa llega al bar ya todos la esperan. Carmen les ha contado que Rosa fue citada a comisaría. Como siempre están ansiosos de oír qué es lo que Pujol quería de Rosa. Todos se quedan asombrados. ¿Qué le pasa a Rosa?

Ejercicio 81 die Mehrheit – la mayoría, die Witwe – la viuda, die Tasche – la bolsa, der Einkauf – la compra, der Markt – el mercado

Ejercicio 82 das Mädchen – la nena, die älteren Frauen – las mujeres mayores, die Alten – los viejos, die Witwe – la viuda, die Alleinstehende – la soltera, die Jugendlichen – los jóvenes, die Großmutter – la abuela, die Mutter – la madre, der Vater – el padre, die Kinder – los niños

Ejercicio 83 1. tocó, 2. visitaste, 3. escribió, 4. trabajé, 5. nació, 6. compraste, 7. compraste, 8. dejaron de, 9. leí, 10. vinimos

Ejercicio 84 1. Ich weiß – sé, 2. du legst (etwas) hin – pones, 3. ich gehe aus – salgo, 4. sie spielen – juegan, 5. ihr hört – oís, 6. ich lege (etwas) hin – pongo, 7. sie spielt – juega, 8. ich gebe – doy

Ejercicio 85 1. Euer Garten ist sehr schön. 2. Voy a Cádiz en tu coche. 3. Sein Abendessen ist sehr lecker. 4. Deine Freunde sind nicht so nett wie ihre Freunde. 5. Hay una fiesta en su bar. 6. Wir verbringen diesen Sommer in ihrem Ferienhaus. 7. Mi amiga está trabajando. 8. Tu piso es muy bonito. 9. Pilar kennt euren Freund noch nicht. 10. No encuentro su libro

Ejercicio 86 1. (mit den Augen) zwinkern – guiñar el ojo, 2. mit den Schultern zucken – encogerse de hombros, 3. mit dem Kopf nicken – saludar/asentir con la cabeza, 4. den Kopf schütteln – mover la cabeza, 5. den Zeigefinger heben – levantar el dedo índice, 6. die Augenbrauen heben – arquear las cejas, 7. ein nervöses Zucken – un tic nervioso, 8. ohne mit der Wimper zu zucken – sin pestañear, 9. ohne eine Regung – sin inmutarse

Ejercicio 87 1. quieren – 2. quiere – 3. puedo – 4. espera – 5. quiero – 6. podemos, 7. necesita – 8. quiere – 9. quiere – 10. quieren

Ejercicio 88 1 cuyos – 2 cuales – 3. que – 4. quien – 5. que – 6. que – 7. que

Ejercicio 89 1. Si, lo/le he visto esta mañana. 2. Si, las escribí ayer. 3. Sí, los hemos comprado. 4. Sí, lo terminé esta mañana. 5. Si, lo he comprado hace un rato.

Ejercicio 90 Es este momento estoy escribiendo un libro sobre bebidas. Y diciéndome unas cuantas barbaridades, se marchó. Tomando el avión, llegarás antes. Todo el día está riendo. Poco a poco voy comprendiendo dónde radican los problemas. El muchacho, saltando con todas sus fuerzas, logró atravesar el río.

Ejercicio 91 1. tenemos que, 2. puedes, 3. tengo que, 4. debes, 5. puede, 6. quieren, 7. debéis, 8. queremos, 9. quieres, 10. tiene que

Ejercicio 92 1. Hay, 2. es, 3. están, 4. Estoy, 5.Hay que, 6. Hay, 7. sois, 8. está, 9. hay

Ejercicio 93 1. Aunque no tiene ni idea, hace como si supiera todo. Obgleich er keine Ahnung hat, tut er so, als ob er alles wüsste. , 2. Aunque sabía la respuesta, se negó a responder. Obschon er die Antwort wusste, weigerte er sich, zu antworten. , 3. A pesar de que no había nada de comer, la fiesta era divertida, Obwohl es nichts zu essen gab, war die Party lustig. , 4. A pesar de que no era muy claro si funciona, lo hicimos. Obzwar nicht ganz klar war, ob es funktioniert, machten wir es.

Ejercicio 94 Hoy no voy a llegar a casa tan tarde como ayer. Voy a coger el bus más temprano que en estos últimos días. Así mañana no estaré tan cansada como hoy. No merece la pena trabajar así. Si lo miras bien, el trabajo es menos importante que la salud.

Ejercicio 95 1. Me alegré de que ayer tuvieras tiempo. Ich habe mich gefreut, dass du gestern Zeit hattest. 2. Quisiera irme temprano hoy. Ich würde heute gern früh(er) gehen. 3. Sería estupendo que nos viéramos hoy. Es wäre toll, wenn wir uns heute sehen könnten. 4. Me alegraría de que habláramos mañana. Es würde mich freuen, wenn wir morgen miteinander reden (könnten). 5. Si tú fueras yo, también estarías triste. Wenn du ich wärst, dann wärst du auch traurig.

Ejercicio 96 1. trajera, 2. sepamos, 3. vinieron, 4. oyeran, 5. guste, 6. haya, 7. pedimos

Ejercicio 97 1. darán, 2. servirá, 3. vendrá, 4. conducirá, 5. haremos

Ejercicio 98 eine Weile – un rato, die Worte – las palabras, überraschter Ausdruck – la mirada sorprendida, die Theke – la barra

Ejercicio 99 1. Algunos, 2. Alguien – alguna, 3. alguna – ninguna, 4. algún – ninguno, 5. ninguna, 6. algún – ninguno

Ejercicio 100 1. sabe, 2. sabe, 3. conocen, 4. conoce, 5. conozco, 6. puedo, 7. Sabes, 8. Conocéis, 9. Saben, 10. conocer, 11. Sé